高中英语文学阅读教学研究

基于读者反应理论视角

陈爱龙 著

上海交通大学出版社
SHANGHAI JIAO TONG UNIVERSITY PRESS

内容提要

本书基于读者反应理论视角,以实证研究方法开展高中英语文学阅读教学研究。本书展示了高中学生阅读英语文学作品后获得的多元学习成就感,剖析了学生获得这些成就感的条件,同时挖掘了读者反应形成的基础和来源。本书对英语文学阅读课程的建设、教学、评价等方面进行了详尽的研究,提出了可行的策略,适合英语文学阅读教学研究者、英语教师、英语爱好者参考和学习。

图书在版编目(CIP)数据

高中英语文学阅读教学研究:基于读者反应理论视角/陈爱龙著. —上海:上海交通大学出版社,2025.
5. —ISBN 978 - 7 - 313 - 32630 - 0

Ⅰ. G633.412

中国国家版本馆 CIP 数据核字第 2025P45K72 号

高中英语文学阅读教学研究——基于读者反应理论视角
GAOZHONG YINGYU WENXUE YUEDU JIAOXUE YANJIU
——JIYU DUZHE FANYING LILUN SHIJIAO

著　　者:陈爱龙
出版发行:上海交通大学出版社
邮政编码:200030
印　　制:常熟市文化印刷有限公司
开　　本:710mm×1000mm　1/16
字　　数:210 千字
版　　次:2025 年 5 月第 1 版
书　　号:ISBN 978 - 7 - 313 - 32630 - 0
定　　价:78.00 元

地　　址:上海市番禺路 951 号
电　　话:021 - 64071208
经　　销:全国新华书店
印　　张:13

印　　次:2025 年 5 月第 1 次印刷

本书为"社科赋能山区（海岛）县高质量发展行动"的研究成果

前　言

　　为了实现社科赋能山区(海岛)县高质量发展行动,帮助高中学生提高英语的读写能力和帮助学生的心理健康成长,笔者开展了基于读者反应理论的高中英语文学阅读探索性教学研究。

　　指导中学生阅读文学作品是英语教学的重要内容,学生可以通过阅读文学作品提高语言水平、锻炼学习能力、认识社会、增强批判性思维等。21世纪以来,越来越多的学者对中学英语教育中的文学教学感兴趣。《普通高中英语课程标准(2017年版2020年修订)》也要求开设英语文学阅读欣赏课程。然而,在应试压力下,在高中阶段开展英语文学阅读教学的学校却不多。

　　在此形势下,笔者进行了在高中阶段指导学生阅读英语文学作品的探索性教学研究。研究是在某省的某国家级重点高中进行的,试图探索以下问题:通过文学作品的学习,学生获得了哪些学习成就感? 学生在什么样的条件下能够获得这些成就感? 成就感包含哪些方面? 获得成就感的读者反应形成的基础和来源是什么?

　　本书的研究招收了29名刚刚进入高二和1名刚刚进入高三的学生作为文学阅读志愿者。学生在教师设计的基于读者反应理论的问题链的引导下,在5个月的学习过程中阅读了18个英语短篇故事。学生在课前单独阅读,完成教师所布置的任务;然后在课堂上与教师和其他同学讨论、互动;在课后写作第二次读者反应并和教师讨论。

　　本书的研究采用以质性为主、量化为辅的方法。研究先进行学生学习需求分析,在此基础上建设英语文学阅读课程和开展阅读教学。在教学结束时进行问卷调查和访谈,并分析语料。

　　本书的研究有3个主要发现。第一,学生在以下条件的协同下可获得学习成就感:科学建设文学阅读课程和实施教学,遵守阅读课程建设的六要素,遵守文学阅读教学实施时的十八要素。第二,文学阅读可以对阅读态度产生积极影响,帮助学生获得文学能力要素、树立正确的人生价值观,提高学生的国际理解能力和跨文化交际能力,增强学生的英语学习成就感,助力学生健康成长。第三,学生基于 Langer(2011)提出的想象构建理论和读者反应理论形成丰富的读者反应。这些读者反应来源于学生的个人经历、正在阅读文本的语言和文化。

本书的研究丰富了英语文学阅读课程的教学方法,拓展了高中英语教学课程资源,探索出了高中英语文学阅读教学的十八要素。

本书展示了某省国家级重点中学高二3 000多名学生和高三3 000多名学生中,英语成绩位于前100名的30名优秀高中生阅读英语文学作品的实证研究成果。结合实证研究成果,本书对英语阅读课程的建设、教学和评价,以及阅读成就形成的原因、中西方文化解读、文本互文性的形成、文本鉴赏方法、阅读教学应警惕的问题、"悦读"形成的因素、从阅读到"悦读"的变化因素等内容给出了可行的策略和意见。

本书由笔者的博士论文修订而成。在本书出版之际,我首先要衷心感谢我的博士导师邹为诚教授。感谢他引领我步入学术研究的殿堂,并在人格修养上给予我深刻影响,感谢他细致入微的指导和无私的支持。特别感谢我的姑妈凌建娥博士,她也是我的本科老师。她不仅为我寄来博士实验所需的文本资料,更在30年间持续给予我帮助与鼓励。此外,我还要感谢我的父母、爱人和孩子们,感谢华东师范大学的刘红梅老师、桑紫林博士和尚文博博士,上海师范大学附中的黄岳辉校长,以及参与实验的所有学生、英语教师、校领导、班主任和朋友。他们的支持是我完成博士论文和出版本书的重要保障。

本书的阅读对象包括致力于阅读教学研究的研究者,也包括大中小学英语教师、英语师范生、英语爱好者、阅读爱好者等。

由于时间、经历和水平限制,书中存在的疏漏之处,恳请广大读者和同行批评指正。

目　　录

第一章 研究背景和研究内容

本章主要介绍研究背景、研究目的、研究意义、研究问题、研究方法和研究内容。

第一节 研究背景

一、研究背景

本研究背景包括以下 4 个方面：学生心理成长需要关注；紧张"育分"[①]战斗压力需要缓解；文学阅读存在多元价值；国家意志在基础教育领域的《普通高中英语课程标准（2017 年版 2020 年修订）》（以下简称"课程标准"）中有着直接体现。

（一）学生心理成长需要关注

青少年学生在成长过程中面临许多烦恼和问题，这本应该引起老师、家长、社会等各方面的关注，但是家长特别关注孩子的学习，而对学生心理健康和成长中的烦恼的关注度不够。2017 年，笔者和某中学生心理健康教育中心的 8位老师对参加本次文学阅读学校的 11 230 位高一到高三的学生家长进行问卷调查。调查结果显示，76.99％的家长期望孩子接受重点大学及以上教育，家长对孩子的学习期望很高。只有 12％的家长关注孩子的心理健康，这证明家长关注孩子心理健康的程度远远不够。家长对孩子升学的期待程度很高在一定程度上会加重学生心理负担。

[①] 指教育过程中过度关注考生的考试分数，与"育人"相对。

2018 年春天,参加本次文学阅读学校的学生心理研究和发展中心普查出家庭特殊变故者、心理困惑者、特异体质者、行为困扰者和学习困难者的 5 类学生共 107 人,其中患重度心理疾病者 64 人,患中度心理疾病者 35 人,患轻度心理疾病者 8 人。这些学生需要在心理上受到特别关注。

(二) 学生紧张的"育分"压力需要缓解

为了使文学阅读教学顺利开展,笔者选择这所曾经工作过的学校开展文学阅读教学研究。该学校具有 80 年办学历史,学生在高考、社会、家长、老师和学校的影响下,每天在紧张的"育分"战斗中度过。

笔者在历经长达 7 年的课堂观察,分析师生、家长和学校管理者的话语后,采纳微观民族志的方法观察学生紧张的"育分"战斗,有以下发现:学生学习的目的主要是考高分,学生特别关注分数排名;学校"育分"现象非常严重,学生的一些节假日时间被学校占用,教学被"育分"所影响。

残酷的现实不仅促使笔者关注学生心理健康成长,思索如何缓解学生紧张的"育分"压力,也促使笔者反思教师的价值和使命:立德树人,教书育人。教师有责任履行好教书和育人的使命、发挥好学科育人价值、提高学生学习成就感和培养学生良好品德。英语教师可以在高中开展英语文学阅读教学,因为学生在阅读文学作品的过程中可以提高听、说、读、写能力,培养在情感、价值观要素方面和能力要素方面的学习成就感(侯云洁,2018)。

(三) 阅读英语文学作品有利于学生成长

1. 内化和外化问题及预测因素

阅读英语文学作品有利于学生心理健康成长。青少年心理健康问题主要包含内化与外化问题(Achenbach,1991)。内化问题主要包括焦虑、抑郁等情绪(Siu,2009),很多青少年经常不能处理好与同伴的关系,还经常遇到被孤立的情况(Oland and Shaw,2005)。内化问题会导致学生心理不健康(Langley et al.,2004),如不及时解决,甚至可能导致学生患上抑郁症(Seligman and Ollendick,1998),产生自杀倾向(Pagliaro,1995)。外化问题主要包括一些攻击、欺负、反社会等外在行为(Siu,2009),这与学业失败、同伴拒绝等原因高相关(Cairns and Cairns,1994)。影响外化问题的因素是多方面的,外化问题行为干预应更注重综合各种干预途径。影响青少年内外化问题发展的预测因素包括家庭和社区环境(Callahan, Scaramella, and Laird,2011),如低的社会和经济地位、不好的亲子关系、家境逆境、父母抑郁的历史等(Gross，Shaw，and Moilanen，2008)。同时，父母离异是导致青少年产生心理问题的危险因素，研究也表明，父母离异在内化方面的影响要小于外化方面的影响(Amato，2001)。此外，师生和同伴关系是重要的预测因素(McCartney et al.，2010)。

2. 阅读青少年文学作品的价值

阅读青少年文学作品可以帮助学生更好地成长。阅读青少年文学作品能够给学生带来精神享受，学生在阅读过程中能够真实体验文学作品所呈现的多元经历和青少年生活，还可以关注他们成长过程中的热点话题，得到指导和安慰，找到解决他们成长烦恼的一些方法(Lynch-Brown，Tomlinson，and Short，2014)。

此外，学生在阅读青少年文学作品时的讨论和思考，以及在解决问题和建构知识过程中的方法有助于学生成长。

首先，文学教育是人文教育重要的组成部分。人文教育教会学生如何做人，如何和人相处，如何面对生活、顶住压力、克服困难，如何对待坎坷，以及如何面对成功和荣誉，当今中国学生太需要这方面的教育了(刘润清，2005)。学生在成长过程中会遇到各种各样的困难和选择，因此，笔者选取与学生背景契合的青少年文学作品，引导学生进行阅读，帮助学生在阅读和讨论的过程中体会作品中主人公怎样解决人生冲突和面对人生选择，了解问题的解决办法，进而促进学生成长。

其次，学生在阅读文学作品的过程中建构了自己的知识，思考了他人和自己的人生，这有助于促进其心理成熟与人生发展。学生在阅读具体的青少年文学文本时，实现了与文本、环境、自己人生体验的对话，在多元文学文本的事实案例中丰富了经验、拓宽了视野，体会了生活的复杂和多元，理解了青少年文学作品的丰富内涵，进而增进了对社会的认知。学生在学习事实性知识的过程中逐步构建起价值知识体系，从而可以在面对人生冲突和选择时，或者在未来的陌生情况中创造性地使用这些知识来提升自己的道德判断力和行为的抉择能力(沈晓敏，2006)。这一知识运用与能力提升的过程，切实助力学生实现成长与发展。学生在阅读文学作品时能够体会人物由陷入道德冲突到认识自我，再到最后做出决定和采取行动的过程，在理解道德和伦理时能够深刻地认识人性的复杂。在此过程中，学生可以验证自身过往经验，并以全新视角来看待不同的人和事物,尝试从移情的角度展开思考,讨论和探索现实世界与想象世界。同时,学生在阅读文学作品后开始观察和反思自己的生活和周边环境,有选择地接受生活,在思考和质疑自己人生的过程中慢慢培养批判性思维(董蓓菲,2009)。

学生在阅读文学作品的过程中不但获得了信息和智慧,培养了移情、跨文化交际等能力,也学会了从全球文化视角解读和思考角色行为(Lynch-Brown, Tomlinson, and Short, 2014)。这也证明学生可以在讨论和思考的过程中建构知识,反思自己的人生,认识成长中的内化和外化问题,助力自己的心理和人生健康成长。

(四) 阅读英语文学作品有利于阅读者的英语学习

英语是参加文学阅读的学生的必修外语,学生通过学习获得包括掌握英语语言知识、发展语言技能在内的英语核心素养。

阅读文学作品能促进个体阅读能力和语言发展,扩大学生词汇量,激发学生想象力,培养学生的语言创新能力,帮助学生获得学习成就感和形成优秀的阅读品质(Carter and McRae, 1996)。

首先,学生在大量阅读英语文学作品的过程中可以提高英语学习能力,体验不同的文化。同时,学生在理解和欣赏文学作品的过程中提升了思维品质。离开文学的英语学习路线是近视而不是远视,是绕远路而不是抄近路。阅读英语文学作品既有利于学习者学习英语,又能培养其学习能力(Spear-Swerling, Brucker, and Alfano, 2010)。小说类的文学作品更能够激发学生想象力,使其在阅读过程中投入更多情感(McKean and Winglee, 1991; Mol and Bus, 2011),还能够促进学生的词汇学习(Mar, 2004)。

其次,阅读文学作品能够帮助学生提高语言能力:①文学作品的语言特别能够让人记住,因为它可以给人带来积极的情感体验,助力学生形成文化理解,获得文化体验;②文学阅读有利于学生形成推测技能、加工文学语言和形成模糊容忍度;③文学阅读也可以培养学生关注语言形式的习惯,拓宽学生知识面,提高学生语言技能,促进学生高阶思维能力和批判思维能力的形成(Hall, 2015)。

最后,阅读文学作品可以使学生终身受益,学生可以在阅读过程中学会文学阅读和欣赏的方法,培养阅读品质:①合作的研究和交流方法有利于学生的未来学习和成长(Brumfit and Carter, 2000),学生因为在校期间阅读了大量文学作品,积累了丰富经验,掌握了相应的阅读技能,更易于养成终生阅读文学作品的习惯;②阅读文学作品可以培养学生的阅读动机(如通过考试、获取证书等工具型动机和想了解目的语国家的风土人情、异国文化特征等的欣赏型动机)和兴趣,培养他们主动获取阅读资源、开展快乐阅读的能力,帮助他们形成终生阅读品质、获得学习成就感(袁永芳,2003)。

(五) 国家意志在基础教育领域直接体现的需要

英语文学阅读赏析课程是高中英语选修课程中的拓展类课程,也是国家意志在基础教育领域的直接体现。因此,笔者认为有必要在本次文学阅读教学实践中探索建设英语文学阅读赏析课程。

第二节　研究内容

一、研究目的

发挥文学作品的育人功能、提高学生英语语言能力和帮助他们形成健康向上的心理意识是本研究的目的。

笔者在大量调查的基础上,选择了某省国家级重点高中作为研究对象,在这所学校里面开设英语文学阅读课程,让学生在阅读英语文学作品的过程中学习语言和获得人生感悟,帮助他们形成积极向上的价值观。同时,笔者还希望探索学生的学习成就感是在什么条件下获得的。

二、研究意义

笔者在高中开设英语文学阅读课程的具体方法如下:学生在课外进行个性化单独阅读,师生在课堂上探究共读,即课外泛读和课内精读相结合。英语教师在引导学生阅读英语文学作品的过程中开展文学教学,提高学生学习成就感。

三、研究问题

笔者以某省国家级重点高中的 30 名高中学生为研究对象,以英语短篇故事为主要研究载体,基于读者反应理论开展探索性英语文学阅读教学。笔者希望通过开设英语文学阅读课程,帮助在紧张的高考"育分"环境下学习的高中生缓解焦虑,提升他们的生活质量,探索课程的设计、开发、实施、评价、管理等方法。由于缺少成功经验,笔者必须借助于"探索性教学"的理念,在实践中边摸索,边前进。

学习成就感是学生在学习活动中体验到的成功和自我价值(Weiner,1994)。在本书中,学生学习成就感指学生在学习过程中获得的英语学习成就感和人生感悟,这些成就感帮助了学生成长。在本书中,成长被定义为个体在心理层面上的一种积极向上的变化,是学生在阅读英语文学作品后在心理层面上发生的积极向上的变化。

本书研究问题如下:在某省国家级重点高中参加英语文学阅读的学生在阅读英语文学作品的探索性教学中能获得什么样的成就感? 他们是在何种条件下获得这些成就感的? 获得这些成就感的读者反应的基础和来源是什么?

四、研究方法和研究过程

笔者使用质性为主、量化为辅的研究方法开展英语文学阅读探索性教学研究。笔者首先对学生的学习需求进行分析,据此建设英语文学阅读课程,在课程实施过程中开展问卷调查、进行访谈并收集实物,以开展质性和量化研究。

笔者的英语文学阅读课程有以下内容:英语文学阅读课程教学大纲、文学阅读 170 分钟计划、文学阅读 PISRCAWID 教学方案、读者反应理论多维度评价模型等。笔者也在教学过程中采纳"问题导入—师生互动—感悟反思—巩固拓展"的模式开展文学讨论。

笔者采纳了以下方法开展研究和收集语料:教师要求学生反复阅读作品后回答阅读理解问题,书写两次读者反应,进行课堂讨论、小组汇报和师生互动,缩写文章,进行创造性写作,参与师生深度访谈、问卷调查和课程汇报,等等。

同时,为了及时了解学生的学习状态,笔者还访谈了参加文学阅读的学生、学生班主任和学生英语教师,收集他们对文学阅读教学的意见和建议,了解学生的困难、成就感以及学生退出文学阅读课程的原因等。笔者在文学阅读教学中也书写文学阅读教学工作日志,进行教学反思和教学观察。笔者采纳扎根理论对获得的如下 3 部分语料开展分析:①录音和录像的转写语料,包括学生的讨论汇报、师生教学互动、访谈等;②教学过程中笔者收集到的学生学习成果实物,包括阅读作品后学生完成的作业、书写的读者反应和课程汇报资料等;③笔者自己写作的工作日志、教学反思和观察日志。

笔者在对收集的 60 多万字的语料进行分析的过程中寻找充分证据来说明学生在阅读英语文学作品后的主要成就感,以及这些成就感获取的条件和基础。

第二章 理论基础

　　本章包括阅读教学理论和文学阅读理论。Martin 和 Laurie(1993)发现文学阅读中形成读者反应的重要基础是阅读者的阅读能力和技能,因此笔者首先回顾英语阅读理论。阅读过程是一个读者利用背景知识、文本图式、词汇、语法、相关的第一语言知识、真实世界的知识、个人阅读目的和个人学习目标与阅读文本进行互动的过程(Singhal,2006)。读者的阅读素养受社会、文化、历史等因素影响,读者在阅读过程中采纳自下而上、自上而下、互动等阅读理论建构对文本的理解(Singhal,2006),还通过 Krashen 的第二语言习得理论、第二语言文化学习理论加深对文本的理解。其次,笔者在本章第二节只介绍在本次文学阅读教学过程中采纳的读者反应理论、互文理论和后结构主义理论,以及第二语言学习理论和读者反应理论间的关系。

第一节　阅读教学理论

一、自下而上的阅读理论

　　自下而上的阅读理论强调阅读的加工应遵循固定顺序:从字母、发音、单词、短语、句子、意义到整个文本(Gough,1972)。阅读是一个静止和被动接受的过程,也是一系列的信息加工过程,在这个过程中,读者被认为是解码者。以文本和数据为驱动的阅读是一种较低层次的信息加工过程(Singhal,2006)。

二、自上而下的阅读理论

　　自上而下的阅读理论包括图式理论、元认知理论、读者反应理论等

（Singhal，2006）。

　　阅读流利的读者在阅读文章时会不断预测，再积极主动地验证预测
（Singhal，2006）。自上而下的阅读教学模式强调学习者整体把握文本的篇章
结构和文本主题，强调图式知识能帮助读者进行阅读理解。许多高层次的线索
能帮助读者理解文本，这一过程实际上是一种主动猜测和证实的互动过程
（Goodman，1996）。但是这种教学模式也有缺点，读者有限的词汇量和复杂的
语法知识会影响读者理解文本，读者必须掌握关键词汇和语法知识，否则不能
正确理解与加工文本（Singhal，2006）。

三、图式理论

　　自 20 世纪 70 年代以来，许多认知语言学家认为学习者在理解文本时应该
关注以前的知识、生活和教育经历、文化背景、母语知识、第二语言知识和文化
知识（Singhal，2006）。它们在心理学上被称为"图式"。McNeil（1984）认为设
立目标、提出问题和形成预测的方法可以激活图式。在面临复杂文本时，外语
水平越高的学习者越喜欢应用自上而下的阅读模式理解文本，外语水平越低的
学习者越喜欢应用自下而上的模式理解文本，这与学习者掌握的目的语知识多
少有关。只有达到高水平，学习者才能拥有丰富的目的语背景知识（Hudson，
2011）。在阅读文学作品的过程中，读者使用自上而下的阅读理论和图式理论
有利于形成读者反应。但是过多依赖自上而下的背景加工方式会有一定风险，
特别是当文本内容和图式不一致时（Singhal，2006）。

四、互动的阅读理论

互动的阅读理论包括社会互动和建构主义两种阅读理论。

（一）社会互动阅读理论

　　阅读理解是读者和文本直接互动的过程，也是读者通过文本和作者间接互
动的过程；阅读是社会和心理语言学的一个互动加工过程，读者必须利用语言
线索、认知策略和各种图式开展多循环语言加工和文本解读（Goodman，1996）。

（二）建构主义阅读理论

　　建构主义阅读理论认为以下方法可以提高读者的阅读理解能力，发展读
者的阅读技能：使用多样化的任务与练习活动，应用真实的语言材料，利用多

种阅读理解策略和以前知识(图式)、掌握元认知策略，等等。因为阅读理解综合了背景知识和文本知识，读者在阅读过程中应该充分调动语义、词汇、语法、图式和文化知识，与篇章产生互动(Singhal，2006)。阅读的关键包括以下内容：关注各种认知成分是否能够帮助读者流利阅读；关注在阅读理解过程中读者的背景知识和文学作品知识是否产生互动；读者是否有必备的背景知识和语言门槛知识；读者是否能够使用建构主义阅读理论开展阅读(Grabe，1991)。读者在文学作品的阅读过程中应该坚持以下观点：在读者、文本、作者和教学环境的互动中理解文本；不同读者在阅读同一个文本时，因为阅读环境和图式不同，会有不同的理解和形成不同的读者反应(Rosenblatt，1938/1994)。

五、Krashen 的第二语言习得理论

Krashen(1981/1985/2003)的第二语言习得理论，尤其是语言习得和学习的假设、输入和理解假设、情感过滤假设经常被引用来支持英语学习者使用文学作品原著学习英语。除了语言本身的因素外，语境线索、读者知识、话题意义、有趣程度和读者对文学作品情感的过滤程度会影响语言习得，情感过滤程度高的读者语言习得程度低(Krashen，1985)。Krashen(1985)强调，在语言习得过程中应该选择语言地道的文学作品，应该实施有意义的任务和强调读者在低焦虑环境中学习，这些因素更有利于读者的语言学习。因此在文学阅读教学过程中教师应该坚持以下观点：应该减少文学作品在词汇和图式方面的难度，这可以减少学生的学习焦虑；帮助学生形成可理解的语言输入；开展教师引导性教学，搭建"脚手架"；帮助学生快乐阅读。

同时教师应该选择语言地道的长文本和有趣的话题开展阅读教学，使用读者反应理论指导学生阅读青少年文学作品，因为这可以降低学生的情感过滤，而在低焦虑的环境中学习会更加有利于学生表达想法。

第二语言习得理论强调从个人经历中获得第二语言(Krashen，1981)，因此第一语言也是学习第二语言的基础，学生在使用第一语言的过程中能够减少焦虑、流畅地表达自己的思想。以读者反应为中心的教师在自己的教学过程中也更加愿意鼓励学生形成对文本的反应，教师相信学生能够在社会和文化语境的基础上建构语言意义(Krashen，1981/1985/2003)。

六、第二语言文化学习理论

在以读者为中心的课堂上,教师应该鼓励和期待学生形成丰富的文学作品读者反应。Cox 和 Boyd-Batstone(1997)指出,在二语学习过程中整合文化、语言和个人多样性资源可帮助学生理解文学作品。语言是文化的载体,阅读是培养学生跨文化观点的方式之一。学生通过阅读多层次的文学作品和解读同一部文学作品的不同角色,在多模态语篇阅读中享受阅读的乐趣,体会文化差异,形成跨文化观念,为了解新文化做了准备。教师应该利用学生已有的文化知识帮助学生理解文学作品和形成更好的跨文化意识,更好地帮助他们在阅读文学作品的过程中体会不同的文化,在不同的文化中找到平衡点(Rader,2018)。

第二节 文学阅读理论

文献研究表明文学作品的解读方法经过了以下阶段:强调读者理解作者和作者年代;强调读者忠实地理解文学作品,准确解读文学作品的字面意义,积极与文学作品互动,采纳自上而下的方法解读文本;强调读者采纳读者反应理论理解文学作品(Eagleton,1983)。文学阅读理论包括以下理论:接受理论和读者反应理论、符号学理论、互文理论、后结构主义理论、性别和女性主义理论、后殖民主义理论、新历史主义理论等(Hall,2015)。笔者只介绍在本次文学阅读教学过程中采纳的读者反应理论、互文理论和后结构主义理论。

一、读者反应理论

Rosenblatt 在 1938 年第一次提出读者反应理论。她认为:①读者的观点和背景知识会影响他们理解文学作品;②读者反应理论强调读者会因为经历、心情和遇到文学作品时的不同状态而对作品产生不同的理解;③读者利用个人经历和背景知识解读文学作品,这可以促进读者对文本的理解,推动其构建文学想象;④在文学阅读过程中最主要的是读者发生了什么,对文本产生了什么反应;⑤读者对文本的反应应该忠实于文本;⑥读者在解读文本时应该基于文本的客观事实信息开展客观解读,也应该积极调动自己的背景和生活知识参与文本解读(Rosenblatt，1968/1994)。

　　Rosenblatt(1938)强调文本所产生的意义来源于读者在与作者和文本互动时形成的理解,她也强调读者应该积极理解文本。读者反应理论在文学阅读教学中有重要价值,因为文学阅读过程不仅仅是读者解码文本的过程,也是读者和作品合作、二者共同构建意义的过程(Hall，2015)。不同读者和作品合作的方式不同,他们的背景和合作方式的差异决定了他们会对同一部文学作品产生不同的解读。教师对读者所产生的不同理解不应该大惊小怪,而应该尊重他们的不同反应(Rosenblatt，1968/1994)。在文学阅读过程中最重要的问题是读者发生了什么,以及读者对文学作品产生了什么反应,而非仅关注文学作品本身的具体信息(Rosenblatt，1968/1994)。读者反应理论强化了阅读主体功能,弱化了作者权威,坚持读者中心论,突出文学活动中的接受主体,把读者视为文学进程中的基本环节和重要动力。

　　读者反应理论与接受美学等学派密切相关。接受美学的代表是德国的姚斯和伊瑟尔。他们反对传统的作者中心论和文本中心论,认为读者才是作者文本意义的重要创作者,文学作品的社会意义和审美意义只有在读者阅读文学作品的过程中才能够更好地得到实现,缺乏读者参与解读的文学作品的意义是不完整的(郭金秀,2011)。

　　伊瑟尔(1991)认为文学作品是一种交流形式,审美反应根植于文本之中。他既反对文本只有一种解释的绝对主义,也反对文本可以随意解释的主观主义,而主张读者与文本之间存在着某种互动关系,意义是在文本与阅读相互作用的过程中产生的。伊瑟尔提出文本的"召唤结构"和"隐在读者"概念。他认为,文本存在大量的意义未定点和空白,作品的现实化需要读者在阅读中确定未定点和填补空白;文本意义不是文本话语提供的各种信息,而是"一个由读者参与、发生在读者身上的事情"(Fish，1982)。姚斯提出的"期待视野"指作者在阅读之前对阅读作品的显现方式提供了定向性期待,这包括过去的生活经验和对文学形式、主题、风格、语言的审美体验(姚斯、霍拉勃,1987),在解读文本时,读者可以采纳这些期待参与文本解读(朱立元,2005)。教师在教学过程中不仅要要求学生关注低层次阅读理解的读书报告、写作,还要要求学生关注高层次批判性思维的文本解读(Lynch-Brown，Tomlinson，and Short，2014)。

　　Squire(1994)指出在文学阅读教学过程中,应坚持以下观点:①应关注读者与文本互动、以前的知识和经验、不同时间和地点的知识和经历、不同文体、独一无二的影响等因素的结合;②真实的文学作品能够帮助学生产生更好的反应,教师应采取阅读和写作相结合、阅读和经验相结合、有声思维和写作阅读日志相结合的方法来了解阅读反应模式;③学生在6岁、9岁、13岁和17岁时,对文学作品中的角色、主题和观点的认识是不一样的;④文学作品中单词的声音意义在读者反应中发挥的价值是很重要的,计划去指导学生产生指定的读者反应是有困难的,因为读者的反应是不可预测的、多样的和不回归的;⑤在开展英语文学作品的阅读教学过程中,教师应该关注读者和文本的互动;⑥教师教文学的方式会暂时影响学生对文学的读者反应。

因此在阅读教学中,教师要鼓励学生大胆地结合自己的个人经历和背景知识探讨文学作品。但同时,教师还要教学生理性发挥想象,联系现实,在解读文学作品中事实方面的信息时应该忠实于文本,不能无中生有和歪曲文学作品的基本事实信息。文学阅读是审美阅读,不应该仅以获得文学作品信息为目标,而应该注重读者和文学作品间的情感互动。文学作品本身不会产生意义,文学作品因为读者而产生意义(王泉根、赵静等,2006)。

二、互文理论

互文理论是20世纪60年代国际著名学者朱莉娅·克里斯蒂娃(Julia Kristeva)在吸收巴赫金的对话哲学的基础上发展起来的(Harris,1992)。她将"互文性"定义为:任何文本都是其他文本镶嵌和拼凑的结果,每个文本都是其他文本的镜子,每个文本都是对其他文本的吸收和转化(Kristeva,1980)。它是建立在对话主义基础之上,在真实世界和文本的相互联系基础上形成的第二世界,是读者经历与文学的过去、现在和未来间的一场对话(Benton,1992)。

三、后结构主义理论

福柯认为一些看似自然的事物实际上是一定社会和历史条件的产物。后结构主义强调我们居住在一个建构的社会中,在文学阅读的过程中,读者、作者、文本和环境在互动过程中共同建构文本意义(Hall,2015)。

读者在文学体验的过程中产生对文本的理解和欣赏。文学体验具有创造性和想象性的特点,读者与作者、文本、个人的经历形成一种持续互动(Rosenblatt,1995)。想象是特定的人在特定时刻的理解,它存在于内心世界,因人而异。想象处于一种变化和准备变化的状态,也被称为想象构建(Langer,

2011)。文学阅读过程中,想象构建的基础是后结构主义。Langer 强调基于主观和客观两种视角解读文学作品中的客观信息和审美信息,这和 Rosenblatt 的读者反应理论不谋而合。

四、第二语言学习理论和读者反应理论间的关系

第二语言学习理论中的社会建构主义和读者反应理论有许多相同点,它们都强调学生、语言、教师间的互动和开展以读者反应为中心的教学。Cox 和 Boyd-Batstone(1997)简述了它们以下 4 点联系:①读者反应理论强调学生是理解文本意义过程中的积极建构者,强调学生应该在低焦虑环境中学习,因为这样学生就可以更积极和主动地建构和表达自己的思想,而第二语言学习理论强调读者在文本解读过程中应该充分利用读者知识和以往经历开展解读;②读者反应理论强调读者需要结合语言知识和生活经历,利用第一语言和第二语言文化来建构文本意义,而第二语言学习理论强调读者需要调动自己的学习经历以及第一语言中的知识和文化来帮助学习目标语;③在读者反应的学习过程中,教师倾听学生,鼓励学生形成积极的读者反应,而在阅读第二语言文学作品的过程中,教师相信学生建构的意义是基于学生成长的社会和文化氛围的;④教师期待读者对文本形成多元的读者反应,在第二语言课堂教学过程中,学生的声音同样受到教师的鼓励和欢迎,这里面有丰富和多元的文化、语言和个人体验(Cox and Boyd-Batstone,1997)。

第三章 文献综述

本章包括文学作品在语言教学中的价值、文学阅读课堂教学、基于读者反应理论的文学阅读教学、基于互文理论的文学阅读教学和小结五节内容。

第一节 文学作品在语言教学中的价值

一、文学、短篇故事和文学阅读

文学是一个十分宽泛的概念，Lalande(1988)拓宽了文学范围，他指出文学包括广播剧、日记、游记、童话故事、民间故事、人物传记、自传、科幻小说、历史纪录片、歌曲、剧本等样式。他认为学生通过阅读文学作品可以增强社会责任感。

本书中的文学作品包括18个英语短篇故事，其中11个故事为青少年儿童文学。儿童文学是成年人按照儿童读者的成长规律而创造的文学，目的是通过作品的文学价值把儿童培育成健全的社会成员(上笙一郎,1983)。

本次文学阅读教学使用的文学作品中的角色通常为和参加文学阅读的学生年龄相仿的青少年儿童。在阅读过程中获得极大的快乐是儿童文学的最大价值之一。

短篇故事是一种包含叙述和典型性说明的小型叙事作品。在作者的帮助下，读者借助一系列事实和推理，从文本中理解短篇故事所描述的事物本质。短篇小说的文本长度可以是三四页，也可以比较长，但是比长篇小说短(安东诺夫,1954)。

文学阅读具有以下特点：文学阅读是沉浸于文本的阅读(Bloom,1994)，读者在阅读的过程中应该体会和品味文本,而不是纯粹为了获取信息(Barthes,1975);文学阅读是高难度的智力挑战(Kermode and Alter,2004),可以使读者在质疑和反思的过程中增长知识;文学阅读具有不确定性和创新性,应该鼓励读者开展独立阅读而反对读者开展权威阅读,读者应该利用自己的经验形成读者反应并进行思考性学习。

二、文学语言的特点

文学作品应用的是前景化写作和互文性的方法。前景化写作是指作者把要突出刻画的人或物置于画面突出的位置,突出文章中心,增强表达效果,体现美学价值,提高学生阅读兴趣。前景性的阅读原则在文学阅读中发挥很大作用(Hall,2015)。

文学作品写作还有互文性特点(Hall,2015)。互文性包括课堂上的互文性、文化和语言上的互文性和个人的互文性三个方面,特点如下:①课堂上的互文性指的是以文学为基础的互文性,包括文学作品事实与引用的互文性、感知作者观点和意图的互文性、文学作品观点的互文性、文学作品间的互文性等;②文化和语言上的互文性指的是母语、目的语及其他语言和文化之间的交互与融合;③个人的互文性指的是阅读文学作品时,文本和家庭、朋友、个人经历、个人特点之间的联系(Boyd and Maloof,2000)。

文学、文学故事和文学语言具备以下特点:①文学作品是读者主动并积极建构的语篇;②读者在语境条件下,积极建构、主动解释和理解文学作品;③文学语言具备创造性和艺术性的特点;④文学故事能帮助作者走进读者心中,利于作者和读者的有意义交流;⑤文学作品通过故事情节、叙述方式、人物角色、时空背景构建读者对作者的理解(Hall,2015)。

三、文学作品在语言教学中的价值

20世纪初,文学作品主要作为社会精英学习外语的材料,其文学价值和文化内涵被高度重视;而到了20世纪末,文学作品因其地道的语言表达和真实的语境,逐渐成为语言教学中重要的真实语言学习材料(Kramsch and Kramsch,2000)。20世纪中叶,因为人文主义、读者反应理论、文体学和交际教学法的成功结合,文学作品成为读者理解文化的潜在方式之一(Hall,2015)。但是,不同研究者对文学作品在语言教学中的价值这一话题,存在截然不同的观点。

1. 反对在课堂中使用文学作品进行教学

Edmondson(2000)反对在二语课堂中使用文学作品进行教学,理由如下:①他认为文学作品在语言教学过程中不能发挥特别价值,因为学生一味期待教师的讲解,而且老师讲解的内容千篇一律,他希望采纳其他方式和其他科目实现给学生传授文化的目的;②选择文本的不科学导致学生学习动机减弱,文学课程和其他科目相比,没有实现更好地激活学生认知机制的价值。

Edmondson过分看重语言的实际使用价值,过分强调文学作品对职业发展的影响。这更加证明了以教师为主的文学作品教学方式需要改变。因此,在文学阅读教学过程中应该改变以教师为主和不培养学生积极参与文学讨论的教学方法。

Edmondson错误地认为学习语言就是关注语言知识本身,过分强调了语言的实用价值,实用主义的倾向比较严重(Paran,2008)。

2. 倡导在课堂中使用文学作品进行教学

大量研究者倡导在课堂中使用文学作品进行教学,而且强调在文学作品的教学过程中应该关注以下内容:①关注读者情感,了解读者是否喜欢阅读这些作品;②开展价值观教育,因为文学作品在教育方面最大的价值体现在价值观教育上(Mattix,2002),所以教师在文学阅读教学课堂中应该帮助读者在文学阅读中体会阅读的快乐、全身心地投入阅读,同时由于文学作品能够产生情感力量,因而要培养老师和读者都具备承认和开发情感的能力;③从使用局部的、孤立的教学导向观转向使用全面的、联系的教学导向观,帮助不同学习者在不同的环境中学习文学作品的价值。读者通过大量阅读文学作品可以加深对整个人类和文化的理解,更好地塑造自身的品性和发展自身的情感(Paran,2008)。

文学阅读在二语教学过程中有如下重要价值:①利于培养读者的学习动机和个性化人格,帮助其积累显性文化知识和跨文化经验;②利于读者关注语言形式和语篇知识的加工,掌握推测技能;③利于读者加工非文学语言和提高模糊容忍度;④利于词汇拓展和语言无意识获得;⑤利于读者掌握流利阅读和文本解释技能;⑥利于读者理解文化和形成跨文化能力;等等(Hall,2015)。

四、文学作品在语言教学中的价值的文献综述结论

通过文献综述,笔者发现文学作品在教学过程中的语言学习价值和文学价值是巨大的。笔者应该从文学理论、读者反应理论和交际语言教学理论这几个

维度出发,开展文学作品教学。在教学的过程中,教师应该摆脱实用主义的文学教学观,应该挖掘文学作品的情感价值,应该实现文化和跨文化的教育价值,应该培养学生的文学素养。只有这样,才能够使文学作品利于学生成长,才能帮助学生获得学习的成就感。

第二节　文学阅读课堂教学

一、文学阅读课堂教学方法

笔者认为在本次文学阅读课堂教学中,教师应该采纳文学理论、读者反应理论和交际语言教学理论解读文学作品。教师应选择恰当的文学作品,采取科学的教学方法,帮助学生形成丰富的读者反应。教师也应该培养学生喜欢阅读文学作品的优秀品质,形成阅读教学策略,培养学生对文学作品的欣赏能力,恰当开展教书和育人的探索性教学,使学生体会文本中存在的价值观,从而帮助学生收获英语学习成就感,推动其在人生道路上积极成长。

(一) Lott、Gilroy 和 Parkinson 的文学阅读教学方法

使用外语文学作品进行教学主要包括两种方法。使用第一种教学方法的代表人物为 Lott,他强调使用文学作品开展语言教学,应该主要关注学习者的读写能力,了解语言在文学中的使用特点,构建可实操的文学分析模式(Lott,1989)。Gilroy 和 Parkinson(1996)认为教师解读文学作品时应该关注以下方面:从文学理论、读者反应理论和交际语言教学理论这几个维度解读文学作品;关注读者兴趣和需求;精心选择材料;关注学习文本中的客观信息,但是最主要的是关注读者产生的读者反应。因此在本次文学阅读研究中笔者结合两种文学教学方法,在文学阅读过程中开展文学教学和文学教育。

(二) Paran 提出的文学阅读教学的四个重点

从文学与语言教学的重点(见图 3.1)可看出,以英语为外语的文学阅读教学重点有 4 个(Paran,2008)。

重点 1 指教师和学生在利用文学作品进行教和学的过程中要关注文学知识和文学技巧,也要关注词汇、语法等语言知识。

重点 2 指教师和学生在利用文学作品进行教和学的过程中不关注文学价

Language learning focus

(1) *Literary knowledge and skills are focused on, but there is also a conscious focus on the lexis, grammar etc.*	(2) *Literature is used just as a text with no focus on literary values, literary knowledge, or literary skills.*
(3) *Literature is discussed only as literature; any focus on language is on its literary effects.*	(4) *Extensive reading.*

Literary focus ——————————————————— **No literary focus**

No language learning focus

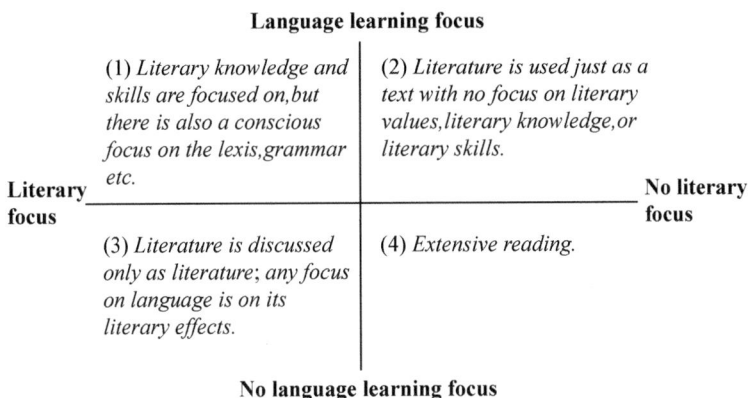

图 3.1　文学与语言教学的重点 (Paran, 2008:467)

值、文学知识和文学技能,只关注文学文本内容。

重点 3 指教师和学生只关注产生文学效果的语言和从文学视角解读文学作品。这说明教师仅仅关注学生学习文学价值,而不关注学生学习语言。在此种情况下,教师和学生只教和学能产生文学效果的语言,教师认为学生的外语水平已经达到预定英语水平,所以不太关注学生学习语言知识,这在全世界大学课堂的文学阅读教学中很普遍。

重点 4 指教师在利用文学作品进行教学的过程中仅仅关注学生阅读大量文学作品,不太关注学生学习文学知识和语言知识,作品往往被当作泛读学习材料。

在本次文学阅读教学中,笔者主要采纳重点 1 和重点 2 的教学方案,关注文学知识和文学技巧,关注词汇、语法等语言知识,关注产生文学效果的语言,从文学的视角解读文学作品。笔者也关注文学文本的内容,因为参加文学阅读的学生刚刚进入高二和高三,词汇量比较少,需要继续学习词汇和语法,更需要提高英语语言能力。同时,学生阅读英语文学作品的经历很少,他们应该在老师的帮助下,通过老师设计的引导性问题了解文学作品所承载的价值观以及相关的语言知识和技能。老师应该培养学生学习文学文本内容的习惯和能力,这可以帮助学生通过文本建构想象,形成以文本为基础的阅读方法,从而实现文学阅读教学的目的。

(三) 引导性文学阅读教学

笔者进行了引导性阅读英语文学作品的实验 (Pinnell and Fountas,

2009)。引导性阅读给学生应用学习策略学习新文学作品的机会,但教师需要提供支持,帮助学生形成独立阅读的习惯。引导性阅读经历是支持学生阅读策略发展的强大方法之一,因为它的目的之一是培养学生的深度阅读习惯。老师在文学阅读课中应扮演引导性角色,引导学生形成读者反应(Boyd and Maloof,2000;Kim,2004;Paran,2008)。实验证明教师引导学生阅读后形成读者反应的教学有利于学生学习语言和写作高质量的语篇。教师在教学过程中也应该设计教学任务,搭建教学脚手架,这对语言学习有很大帮助(Boyd and Maloof,2000;Mantero,2002;Kim,2004;Weist,2004)。也就是说,教师在课堂教学中发挥重要的引导作用,学生在教师的引导下可以在课堂上积极地开展讨论并形成读者反应。教师的引导还包括教师帮助学生建立互文性,使他们更好地和文学作品、同伴开展互动。总而言之,教师的教学方法、教学设计、引导等因素关系文学教学的成败。

因此,老师应采用引导性教学策略,明确教学目的,并精心设计具有思维启发性的阅读问题链,在问题链的引导下开展探索性文学阅读教学。老师应该精心选择文学作品,通过师生互动、课后访谈等活动充分发挥教师在文学教学中的引导者作用。

二、教师在文学教学中的特殊价值

第一,教师教学文学作品的恰当方法对文学阅读教学的成功起到非常重要的作用(Yang,2001;Mantero,2002)。教师在开展文学阅读教学时要平衡文学教学和语言教学间的关系。如果学生英语语言水平比较低,不能够使用英语恰当地表达他们对文学作品的读者反应,就可以使用第一语言进行讨论(Long,2000)。

第二,Paran(2008)认为文学阅读教学过程中会出现教师过多关注文学教学而忽视语言教学的问题,教师可能会允许学生使用第一语言进行讨论。但是他认为这种现象不能完全受到批评,要看学生讨论的内容是否和课堂教学目的和研究目的相关。Weist(2004)认为应该关注的不是使用第一语言进行讨论和交流的问题,而是学生在进行讨论时是否具备隐性的文学学习观念的问题。

第三,教师应该认识文学教学和语言教学之间的相互联系,应该将二者放到同等位置,大量使用超过学生阅读理解能力的文学作品开展阅读教学是不可取的。学生在阅读文学作品的过程中其实也在提高语言能力。因为文学也是一种语言,阅读英语文学作品可以潜在地帮助学生学习语言。

第四,教师在研究中应该关注学生阅读的全过程,关注阅读过程中读者反应形成的全过程,不能把文学教学简单作为服务语言教学和文化教学的工具。教师要关注教学过程中的美学教学,要反对使用简化的文学作品开展教学,因为这可能会增加语言理解上的困难(Brumfit,1981)。教师在文学阅读讨论时可以使用母语(Long,2000),因为这可以帮助学生更流畅地表达思想。在文学阅读教学过程中教师一定要帮助学生形成读者反应。

第五,以学生为中心的教学法和基于文学讨论的教学法才是最有价值的方法(Martin and Laurie,1993),相反,独白而不是对话的教学方法会使学生感到很无聊。教师应该使用文学圈和讨论的教学方法,形成以学生为中心的文学教学方法,因为这些方法可以发展学生的语言能力,帮助学生形成批判性阅读思维(Yang,2001;Kim,2004)。

第六,教师不会文学阅读方法会阻碍他们在课堂上引导学生形成读者反应,从而导致很差的教学效果。外语教师要参加文学阅读教学方法的训练,提高自己的教学能力(Hirvela,1989;Belcher and Hirvela,2000;Kramsch and Kramsch,2000)。

笔者通过以上文献综述发现教师的教学方法、教学设计、教学策略对文学教学的成败有巨大影响。教师应该参加文学阅读教学课程培训,以学生为中心,使用文学圈和文学讨论教学法,平衡好文学学习和语言学习之间的关系,允许学生适当使用母语进行文学讨论,关注学生课堂语言输出质量。

三、文学阅读课堂教学重点

教师应该鼓励学生使用文学作品培养语言意识和阅读理解能力,并分享理解和反应,也应该鼓励学生到文学作品中找到形成读者反应的依据。文学作品中显著的特点不仅体现在对时间和空间的描写上,还体现在对各种观点和人物特征的呈现上(McKay,2006)。同时,教师认识文学教学的基本问题也很重要,因为文学教学的基本问题是培养学生意识到文学交流的是什么内容和怎样进行文学交流(Widdowson,1998)。文学阅读美学教学应该以培养学生能够阅读和喜欢阅读为教学重点(McKay,2006)。学生阅读文学作品时应该被鼓励表达自己对文学作品的理解,但是理解必须基于文学作品中的内容(Widdowson,1998)。教师应该培养学生评价文学作品中角色的能力,学生在评价角色时应该关注角色言行和其他角色对该角色的评价(内部评价),也应该关注作者对角色的描写(外部评价),但是所有的评价都应该基于文学作品中的客观线索进行一定推测而形成(McKay,1982)。学生在阅读文学作品的过程中应该使用读者反应理论和观点驱动的方法开展阅读,因为它们在解读文学作品时有独特价值。成功的文学阅读者采纳的阅读方法是观点驱动,而不是信息驱动和故事驱动(Hunt and Vipond,1985)。

文学阅读教学过程中应该关注文学讨论活动,主要包括5方面:①理解文学作品的字面意义;②理解文学作品中的角色和情节;③建立文学作品和个人生活经历的联系;④讨论文学价值;⑤讨论跨文化主题,关注文化不同点和新奇文化(Kim,2004)。在文学阅读课中也应该培养学生的跨文化能力(Byram and Morgan,1994)。文学阅读课的课程设计应关注语言、文化、文学作品长度、教学法的作用、文体多样性(不仅仅是短篇小说)等内容(Brumfit,1981)。

因此在本探索性研究中,教师应该培养学生喜欢阅读文学作品的优秀阅读品质,通过文学讨论、小组交流引导学生形成读者反应,关注情感教育,培养学生的跨文化交际能力。教师应该帮助学生在学习阅读的方法(learn to read)和通过阅读而开展学习(read to learn)的过程中发展解读文本和认识世界(read the word and the world)的以下技能:①形成阅读教学技能目标;②把握阅读教学的知识学习目标(文学专业知识、词汇和语法知识、文化知识、情感态度知识);③掌握英语学习策略知识(大意阅读、词汇猜测、推理判断、模糊容忍度、阅读评价、元认知知识等);④通过阅读建构新的图式知识,提高人文素养,形成积极向上的价值导向。

四、文学中的取向转换

学生在阅读文学作品和开展讨论的过程中应该采纳主观和客观两种取向。学生在讨论中探索文学可能性视域,学生处于文本之外,以批判性立场,构建文学想象,通过读者反应方式开展文学阅读,这是文学主观取向。但是,在文学阅读过程中,当阅读焦点是研究文本主题或者文本某方面的内容时,学生应该根据一个参照点,开展信息性阅读,以客观公正的态度解读文本(Langer,2011)。因此在开展文学阅读的过程中,学生在回答文本中的事实性信息时,应该采纳客观取向。

五、第一语言在文学阅读教学中的价值

文学作品的讨论可以使用学生的母语。如果教师和学生拥有同样的语言，那么就没有绝对的理由要求师生讨论时一定使用英语，可以使用母语提问和讨论(Long，2000)。第一语言在新语言的学习过程中依然有重要的作用。Selinker(1972)认为在某种程度上，学习者是在第一语言的基础上学习新语言的，为了真实地表达自己对文本的理解和作为读者的反应，学习者可以使用第一语言。

Bernhardt(2003)指出在对语言的评价过程中，尤其是在对阅读理解的评价过程中，学习者应该使用最强的语言来进行评价，而不是使用正在学习的语言来进行评价。因为这样可以避免学生贫乏的第二语言技能的干扰，从而获得可靠和有效的数据。因此在本实验中学生阅读的反应日志、小组的讨论、学生的单独采访，都使用学生的母语，即汉语来表达。

六、阅读英语文学作品的重要性和可行性

英语文学阅读教学在高中英语教学中很重要。课程标准规定拓展类课程(包括英语文学赏析)"为有意愿拓展兴趣、发展潜能和特长的学生开设。学生可在高中三年内的任何学期选修"(中华人民共和国教育部，2020:10)。国内外成功经验、教师意愿、课程标准和学生现实需求都说明有必要在高中开设英语文学阅读课程。笔者对教师和学生进行问卷调查和访谈后发现，90％的教师和85％的学生愿意在中学开设以英语为外语的文学阅读课。何泽(2017)的研究证明了可以成功在中国高中生中开展文学阅读教学。

第三节　基于读者反应理论的文学阅读教学

笔者检索了国内外博士论文中采纳实证和文学阅读的方法开展中学文学阅读教学的文献，发现这方面的实证研究太少，国内利用英语文学作品进行英语教学还处于探索起步阶段。

何泽(2017)开展了基于行动研究和读者反应的高中英语文学阅读教学研究。何泽(2017)主要采用行动研究方法开展研究。他通过行动研究，探讨了高

中英语文学阅读教学实践的教学策略和教学模式,并提出高中英语文学阅读教学的 4 种课堂教学模式:任务展示课、综合分析课、读写实践课和影视表演课。他根据 4 种课堂教学模式提出了相应的操作策略,建立了适合校情的高中英语文学阅读教学课程体系,并指出"文学圈"阅读模式有利于培养学生的自主学习能力和高阶思维能力。他通过调查、访谈、个案研究等方法论证了高中英语文学阅读的实践能显著提升学生的读写能力和阅读素养,而且它还具有思想和人文等方面的课程价值(何泽,2017)。

笔者检索国外的中学文学阅读文献后有 3 个发现。第一,一些研究者基于读者反应理论,采纳教师引导和设计问题链的方法帮助学生阅读文学作品,并采用分级读物在中学开展文学阅读教学。例如,Brumfit 和 Carter(2000)强调采纳文学讨论与形成读者反应相结合的文学课堂教学模式。第二,大量的文学阅读教学是基于读者反应理论开展的教学(Ali, 1993;Liaw, 2001;Tutas, 2006),而且这一系列教学案例证明了应用读者反应理论进行文学阅读教学的好效果(Yang, 2001/2002)。例如,在 Liaw(2001)的文学阅读教学课堂中,学生特别喜欢阅读短篇故事,也特别喜欢教师采纳的读者反应理论教学方法。学生的反馈证明学生的语言和情感方面的学习成就感很好。Tutas(2006)采纳 Rosenblatt(1994)的互动阅读理论,证明了那些习惯了以教师为主体的教学方式和以获取信息为主要阅读目的的学生,在阅读文学作品时也可以成功地进行文学美学阅读和形成读者反应。Liaw(2001)和 Tutas(2006)要求学生写作读者反应日志,以此帮助学生记住阅读过程中的重要任务内容。研究发现这个方法是一个有效检查学生是否阅读了文学作品和阅读效果如何的好方法。第三,许多研究者展开了基于在文学阅读课中的师生互动,学生形成读者反应的实验(Boyd and Maloof, 2000;Kim, 2004;Paran, 2008)。这些实验证明通过教师在教学中的引导,学生进行阅读后可形成读者反应,这有利于学生学习语言和产生高质量的语篇。

Brumfit 和 Carter(2000)在研究后得出以下结论:①教师应采纳文学讨论与分析文学作品相结合的教学模式开展教学,在文学阅读教学过程中的教师干预、问题引导可以帮助学生形成正确的反应;②文学作品教学应该采纳读者反应原则,但是不能错误解读文学作品信息;③测试内容要符合学生英语水平,教师应采用适合读者的分级读物,帮助学生形成读者反应。

Brumfit 和 Carter(2000)认为在选择文学作品以及在阅读和讨论时应该关

注以下内容:①读者反应是读者自己体验的结果;②教师要精心选择经常被人喜欢和能够产生好的读者反应的作品;③教师要选择在阅读文学作品后,愿意表达自己观点的学生来参加文学阅读实验;④学生应该广泛阅读各类文学作品;⑤讨论时不能够脱离文学作品;⑥讨论是自愿的;⑦文学作品选择要符合学生智力水平、语言水平和课程教学目的;⑧教师应该培养学生阅读文学作品的能力和态度;⑨教师应该选择深刻和严肃的话题,挑选积极和有价值的文学作品开展教学。

Golden 和 Guthrie(1986)从文学阅读中读者反应相同和不同两个方面分析读者反应意识。在他们的实验中,69 名高三学生在阅读一篇短篇故事后,写出他们的反应。两位研究者从读者信念、读者移情、文学作品内容和文学作品冲突 4 个维度分析学生的读者反应。这项研究的分析结果证明阅读者在读者信念方面有高度的一致性,文学作品冲突和读者移情显著相关。这证明读者反应理论在文学阅读过程中有着重要价值。

教师在读者反应的文学教学过程中起很大作用。Squire(1994)指出在英语文学作品阅读教学过程中,教师应该引导学生关注读者和文学作品的互动,教师的文学教学方式会暂时影响学生对文学作品的读者反应。Tutas(2006)研究了从以教师为中心到以教师和学生互动为中心的文学阅读教学方式的转变,更为重要的是,他发现了学生在采纳读者反应方法进行学习后,语言能力得到了很大程度的提高。

Golden 和 Guthrie(1986)从 4 个方面评价读者反应:读者信念、读者移情、文学作品内容和文学作品冲突。Ali(1993)认为读者反应包括 5 个部分:提供理解的图示,分享第一次反应,写作再次反思阅读的日记,教师进行干预,学生汇报反应结果。

笔者通过对以上文献的分析,认为在文学阅读教学中应该坚持以下观点:教师主要采纳读者反应理论开展文学作品阅读教学;教师不应沿用传统文学教学采用的课堂模式;学生应该进行文学欣赏,而不是一味地学习语言知识和技能;学生应该阅读分级读物;教师应该采纳学生可理解的输入方式开展文学作品阅读教学。

第四节　基于互文理论的文学阅读教学

　　一系列研究表明阅读英语文学作品对青少年的成长具有诸多益处：促进学生语言发展，培养学生的综合语言能力（Custodio and Sutton，1998），培养学生快乐阅读和欣赏文学作品的能力（Ali，1993），丰富和发展学生的情感、语言（Ali，1993）。在以英语为母语的国家，基于互文理论开展的文学作品阅读教学研究丰富（Benton，1992）；在国内，基于互文理论的阅读教学研究在语文教学研究领域较为丰富（梅培军、黄伟，2018；孙程程，2021），而在英语教学研究领域，相关的实证研究甚少（李瑛，2007；黄军生，2014）。教师如何基于互文理论引导学生阅读英美文学原著、学生在阅读文学作品的过程中采纳何种互文性方法欣赏文本等问题的探究有利于提升高中生的英语学科核心素养。

　　近20年来，我国学者对互文性进行了大量研究（秦海鹰，2004；辛斌，2008；杨汝福，2008；丁金国，2015；辛斌，2021）。秦海鹰（2004）指出互文性是一个文本（主文本）把其他文本（互文本）纳入自身的现象。杨汝福（2008）认为互文性的研究对象是语篇意义的生成与解读，互文性关注的是语篇内外（即语篇内各部分之间，语篇之间，语篇与其所处的社会文化语境之间）的相互关系。互文性体现了文本之间的相互关系和影响关系，其意义是由作者和读者共同建构的，具有包容性和开放性。

　　在国内将互文理论用于阅读教学的研究主要集中在语文教学研究领域，包括互文性教学价值的研究（董希文，2010；张娅欧，2013；梅培军、黄伟，2018）、互文性教学策略的研究（孙冬香、胡奎平，2012；梅培军、黄伟，2018；孙程程，2021）、互文性教学个案的研究（徐晓，2020）等。梅培军和黄伟（2018）指出了互文性阅读的教学形态及其教学价值，指出真正的互文是同质类比、异质对比、内部结构参照、形式上对比、手法上参照、历史文化和问题的照见。他们指出在文本创编和流传中、不同版本间、文本和相关资料间、文本改写间、文本和其他媒体间可以形成互文性，也强调了互文理论在语文教学中的价值。

　　国内采纳互文理论在中学阶段开展英语文学阅读教学的实证研究较少。李瑛（2007）将互文理论运用到高中英语阅读教学中，通过一年的教学实践证明运用互文理论指导高中英语阅读教学的设想是可行的，结果是可喜的，实验班学生的阅读成绩呈阶梯式攀升。黄军生(2014)聚焦 6 位具有中学教学背景的专家型教师在给中学义务教育阶段选择英语文学阅读材料时遵循的五大原则：真实性原则(选择英语原著或易读本)、关联性原则(母语阅读与外语阅读关联、体裁关联、课内外关联、文学作品和影视作品关联)、可理解性原则(选材的语言难易度为学生所接受,选择文学主题要从学生的实际出发,内容符合学生的认知能力)、趣味性原则(一是文学作品的内容本身具有趣味性,适合学生的阅读兴趣,二是通过文学阅读培养学生对文学的喜好)和主题原则(相似的主题,文学主题与文化价值观的关系)。研究提出在教学过程中,教师应鼓励学生开展母语文学和外国文学关联、课内外文学阅读关联、文学语篇和其他语篇关联的互文学习。

综上,在英语教学研究领域,有关教师基于互文理论引导学生进行英美原著阅读,探究学习者在欣赏文学作品的过程中形成何种互文方法及其原因的研究还比较少见,存在很大研究空间。

第五节　小　结

笔者综合以上文献研究,主要有以下 4 个发现。

第一,在英语文学阅读教学中,教师应该采纳以下理论指导教学：读者反应理论、互动阅读理论、文化学习理论、Krashen 的第二语言习得理论、互文理论、后结构主义理论。在这些理论的指导下,课堂教学应该坚持教师的引导作用,学生应该以读者反应理论为中心开展学习。此外,学生在阅读英语文学作品时应该从主观和客观的视角解读文本。

第二,英语文学阅读教学必须着力提高学生的语言能力,以便帮助学生在未来的高考中获得好成绩。但是,这种好成绩必须以培养学生喜欢阅读文学作品的优秀阅读品质为前提。教学应该以文学讨论、小组交流、读者反应、小组汇报、观点驱动、角色评价、情感教育、跨文化交际等活动为主。教师应帮助学生学习阅读的方法(learn to read)和通过阅读而开展学习(read to learn)的方法,培养学生解读文本和认识世界(read the word and the world)的技能。

第三,这种文学教学不一定要完全以英语为教学工具。在学生语言水平不够的情况下,教师可以用学生的母语开展教学活动。只有恰当、得体地使用汉语和英语，才能够克服学生在活动中因语言能力不够而产生的困境，从而最终使得文学教学达到教书育人的目的。

第四，阅读英语青少年文学作品有利于学生成长和获得学习成就感。因此，针对中国高考升学的巨大压力，利用英语文学作品的学习帮助学生摆脱困境、积极成长的研究是非常有必要的。笔者在某省国家级重点高中开展英语文学教学研究，探索以下问题：学生获得了哪些学习成就感？学生在什么样的条件下能够获得它们？它们包含哪些方面？获得成就感的读者反应形成的基础和来源是什么？

第四章　研究方法

本章简述笔者如何使用以质性为主和以量化为辅的研究方法开展文学阅读探索性教学,包括研究设计、研究参与者、研究数据和研究编码四节内容。

第一节　研究设计

一、研究目标

本研究目标是探索在紧张的高中"育分"环境中,英语教师在什么条件下能成功地开设英语文学阅读课程和开展教学;了解学生在阅读文学作品时获得的主要学习成就感,获得这些成就感的条件,以及获得学习成就感的读者反应形成的基础和来源。

二、研究指导理论

(一) 扎根理论

本研究采用扎根理论进行研究。扎根理论要求研究者直接从关键证据入手,分析数据中所隐含的意义,构建合理理论(Creswell, 1988)。

扎根理论的主要操作程序如下:①对资料进行逐级编码,从资料中发展概念;②不断地对资料和概念进行比较,系统地询问与概念有关的生成性理论问题;③发展理论性概念,建立概念和概念之间的联系;④理论性抽样,系统地对资料进行编码;⑤建构理论,力求获得理论概念的密度、变异度和高度整合性(陈向明,2000)。

对资料进行逐级编码是扎根理论中最重要的一环,其包括三个级别的编

码：一级编码——开放式登录，二级编码——关联式登录，三级编码——核心式
登录(Strauss and Corbin，1990)。在一级编码中，研究者要以一种开放心态，
尽量"悬置"个人"倾见"和研究界的"定见"，将所有资料按其本身所呈现的状态
进行编码。二级编码的主要任务是发现和建立概念类属之间的各种联系，以表
现资料中各个部分之间的有机关联。三级编码是在所有已发现的概念类属中
经过系统分析后选择一个"核心类属"，将分析集中到与该核心类属有关的号码
上面(陈向明，2000)。

(二) 探索性教学研究理论

探索性教学研究的方法已经有 20 多年历史，其代表人物是 Allwright 教
授。1991 年，他在和 Bailey 教授合著的《关注语言课堂》(*Focus on the
Language Classroom*)一书中指出，探索性教学试图找出是什么原因使经过尝
试的和可信的方法取得成功，从长远来看，我们并不是特别清楚这些想法到底
如何发挥作用，需要弄明白其运作原理以及背后的原因。教学不仅仅是尝试新
教学方法的过程，同时也是进一步探索那些被尝试的和可信的方法的过程，目
的是尽量帮助学习者从做中学(Allwright and Bailey，1991:196)。

在本次文学阅读探索性教学中，笔者希望帮助在紧张的高考"育分"环境下
学习的高中生缓解焦虑，提升他们的生活质量，探索课程的设计、开发、实施、评
价、管理等方法。由于缺少可借鉴的成功经验，笔者必须借助于"探索性教学"
的理念，在实践中边摸索，边前进。

(三) 民族志的研究理论

民族志是人类学的研究方法，它通过描述文化来理解和解释社会并提出相
关理论见解。民族志质性研究包括"现实主义的故事"在内的 7 种方法。在写
作中作者详细、真实和客观地描述一些典型事例和文化模式或者社区成员的行
为。在一个亚文化中，这些行为通常是人们的经常性行为，而不是某些特定人
的行为(陈向明，2000)。

在本次文学阅读探索性教学中，笔者采纳民族志的"现实主义的故事"和写
作工作日志的方法客观记录了高中学生积极参加"育分"战斗的过程。笔者采
纳微观民族志的方法探索他们在紧张的"育分"战斗中阅读英语文学作品时阅
读态度的变化和解读西方英语文学作品中的价值观的方法。

(四)读者反应理论

笔者在文学阅读教学中采纳读者反应理论。文学阅读教学的方法是指教师基于读者反应理论多维度的教学目标和评价目标(见图 4.1)设计问题链并开展教学。研究证明,拥有积极的文学阅读体验的学生、有机会阅读文学作品的学生,以及对文学作品的阅读产生积极反应的学生,他们的语言水平得到了

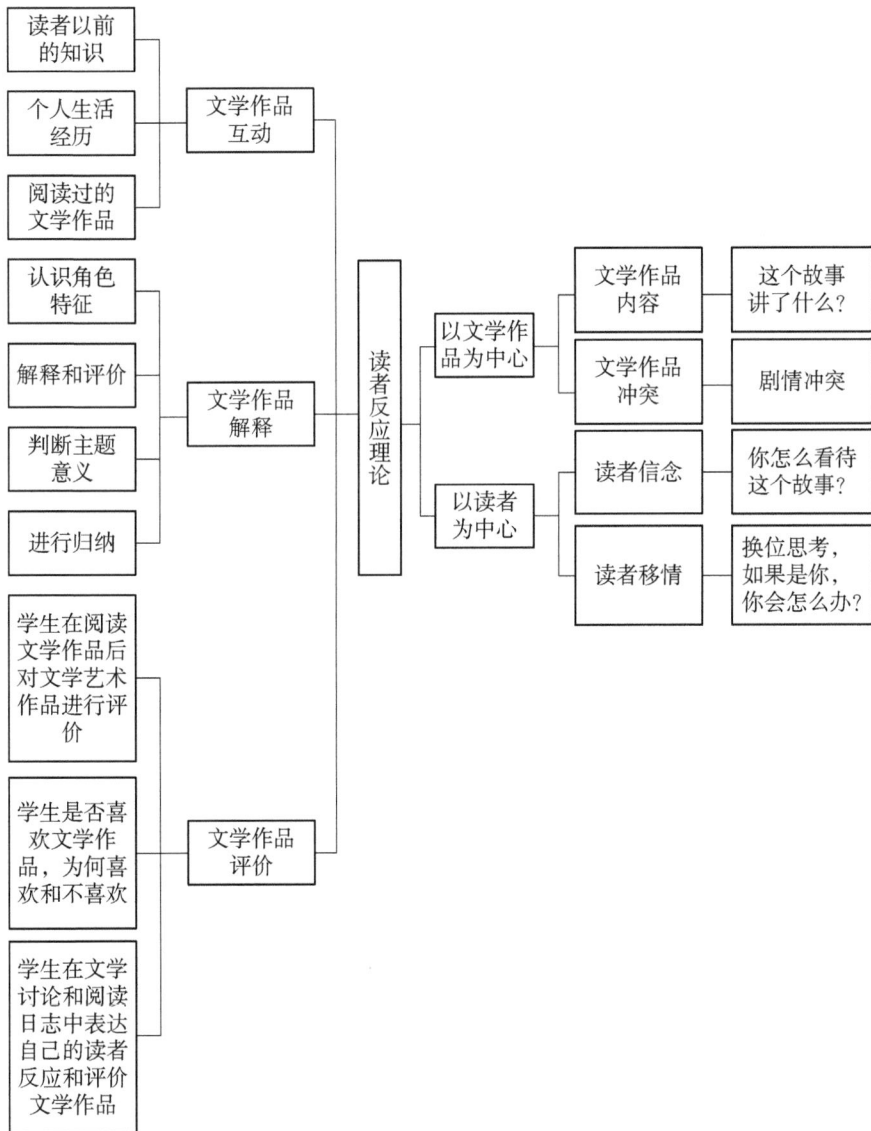

图 4.1 读者反应理论多维度的教学目标和评价目标

提升,所以学生基于读者反应理论阅读文学作品是很有意义的。

为了更好地帮助高中学生获得学习成就感,笔者采纳读者反应理论指导学生阅读英语文学作品,帮助他们形成丰富和多元的读者反应。所以在本次文学阅读教学中,笔者研发基于读者反应理论的多维度教学目标和评价目标,以问题链为教学基础,从读者反应的一原理、二因素、三维度和四方面开展教学和评价。

一原理指读者反应理论。它强调读者和过去经历、文学作品、作者、文本创作环境形成互动。

二因素是指以文学作品为中心和以读者为中心。以文学作品为中心包括文学作品内容和文学作品冲突,以读者为中心包括读者信念和读者移情。

三维度是指文学作品互动、文学作品解释和文学作品评价。

四方面包括如下内容:①文学作品内容(这个故事讲了什么?);②文学作品冲突(剧情冲突);③读者信念(你怎么看待这个故事?);④读者移情(换位思考,如果是你,你会怎么办?)。

笔者建立评价目标模型的理由如下。

第一,阅读文学作品,尤其是阅读小说时应把握阅读它们的规则:①能使用一到两句话阐述整本书大意;②能在情节冲突中抓住故事大意。读者要借助小说的插曲、事件,以及角色的话语、思想、行动和感觉来开展文学想象并理解世界(艾德勒、范多伦,2014)。

第二,以读者为中心的因素包括读者信念和读者移情。因为读者在阅读文学作品的过程中享受他人经验,在这个过程中读者不要抗拒文学作品的影响力。读者应该和文本积极互动,仿佛身临其境,成为文本中的角色,或是角色的朋友,使用同情心和洞察力投入文本互动(艾德勒、范多伦,2014)。

第三,日本儿童文学家上笙一郎(1983)认为文学能力要素包括5个方面:①包括认识词汇在内的基本阅读能力;②欣赏文学语言、表现手法和修辞的能力;③把文学作品表现的内容在自己的头脑中建构具体形象的能力;④通过分析人物形象,把握作品主题的能力;⑤将自己的生活、思想和文学作品内容互动,产生读者反应,并反思自我的能力。所以笔者设计了文学作品互动的目标(对应将自己的生活、思想和文学作品内容互动,产生读者反应,并反思自我的能力),设计了解释文学作品的目标(对应包括认识词汇在内的基本阅读能力;欣赏文学语言、表现手法和修辞的能力;通过分析人物形象,把握作品主题的能力），还设计了文学作品评价的目标，帮助学生把文学作品表现的内容在自己头脑中建构具体形象。

教师应兼顾设计低阶和高阶问题，因为学生在完成低阶问题后期待高阶问题的到来。本研究中文学作品内容和文学作品冲突为低阶问题，而读者信念和读者移情为高阶问题。

三、研究过程

研究过程包括开展文学阅读的教学顺序、研究设计和实施方法。首先，笔者开展学生学习需求分析后建设英语文学阅读课程和实施英语文学阅读课程教学；然后，开展问卷调查和访谈，收集实物，对60多万字的语料开展质性和量化研究；最后，得出研究结论。本研究以访谈、观察和收集实物的质性研究为主，以问卷调查的量化研究为辅。研究过程如表4.1所示。

表4.1 研究过程

教学顺序	研究设计	实施方法
1	建设英语文学阅读课程和开展探索性教学研究	探索性教学研究
2	问卷调查（教学前调查学生参加文学阅读的目的，教学后调查学生参加文学阅读获得的学习成就感）	问卷调查（量化研究）
3	学生阅读文本后回答阅读理解问题和写作两次读者反应	收集实物（质性研究）
4	开展课堂讨论、汇报和教学互动	收集实物（质性研究）
5	笔者写作工作日志，主要记录自己的课堂观察、学生的作业情况、平时与学生的谈话等内容	收集实物（质性研究）
6	课堂讨论和课堂教学互动后开展同组话题的讨论	收集实物（质性研究）
7	访谈（深度访谈5位学生，对全部学生小组进行焦点访谈，及时访谈退出文学阅读学习的学生）	访谈（质性研究）
8	开展数据分析，得出研究结论	数据分析
9	根据访谈学生对课程的教学意见，改进教学	质性研究

四、数据收集

笔者在研究过程中通过表4.2的方法收集了60多万字的语料。这包括采纳质性研究的访谈、观察和收集实物(陈向明,2000),以及量化的问卷调查。笔者如实整理,转录录像和视频以及收集到的所有实物,最后形成了642 414字的语料。

表4.2 数据收集

编号	数据名称	数据类型与性质描述
1	教学录像	笔者对整个教学过程进行了全程录像,共计录制视频40小时
2	教学录像转写	笔者转写教学录像后获得185 476字的语料
3	学生作业	笔者收集到学生阅读文学作品后回答问题的作业和写作的两次读者反应,共计289 854字
4	问卷调查	笔者问卷调查学生参加文学阅读的目的、态度和学习成就感
5	深度访谈	笔者深度访谈5名学生后获得转写语料62 450字
6	小组焦点访谈	笔者在课程结束时对30名学生的小组焦点访谈进行录像,并获得转写语料23 489字
7	课程学习汇报	笔者收集30名学生在文学阅读课程结束时写作的文学阅读课程学习汇报38 957字
8	工作日志	笔者写作工作日志42 188字

五、数据分析方法

笔者采纳定性为主和定量为辅的混合研究方法开展研究。定性方法比较适合研究变化和复杂的现象。笔者在文学阅读教学过程中对30名不同年级和英语考试成绩属于不同层次的学生开展研究,既采纳了像写作读者反应等统一的方法,也采纳了单独对5名学生进行深度访谈的方法开展研究。笔者通过密集式观察和参与式观察、正式深度访谈和非正式访谈、写作日记和写作观察日志等多种方式,借用计算机工具ATLSAS. ti7. 0统计分析收集的学生语料,采纳扎根理论开展分析。同时,笔者使用SPSS软件系统对学生的问卷调查数据开展单样本方差分析,探索大量文学阅读输入对学生的影响。

六、研究伦理道德

本研究开展了涉及人类受试者实验伦理的教学试验。

在研究过程中,笔者采集了问卷调查信息、小组焦点访谈录音、课堂观察记录、学生的作业等语料。笔者从学校招收了 30 名高二和高三学生作为英语文学作品阅读志愿者。阅读志愿者的学习时间为 2017 年 9 月 3 日到 2017 年 12 月 31 日,他们每个星期天 11 点到 12 点 40 分在学校育才楼 105 教室开展课堂学习。学习内容为英语短篇故事。

为了遵守研究伦理道德规范,笔者在发布的志愿者招募海报中告知学生研究的目的,以及学生的权利和责任。

笔者在教学试验前向 30 名学生、学生家长、学生班主任和学校领导详细介绍了文学阅读教学的相关情况,并再次告知学生在研究中的权利和义务。笔者与研究学校、研究学生签订了承诺书,承诺研究中不会出现学生和学校的真名。承诺内容如下:

研究者要求学生能够认真阅读文学作品和完成英语作业,按时参加课程学习的一切活动,乐于和师生分享自己对文学作品的理解。学生应该完成下列任务:单独阅读英语原著文学作品;回答英语阅读理解作业和书写读者反应;在课堂上积极参与讨论,分享自己的读者反应;能够自由表达自己的观点和想法,而不仅仅是解释文学作品和写作课程汇报。部分学生将被邀请参加访谈。学生的回答没有正确和错误之分,如果学生不想回答问题,研究者不会强迫他们回答。研究者会复印与参加文学阅读的学生和本次文学阅读相关的资料。只有研究者有机会阅读学生日志和观看与文学阅读相关的一切视频资料。文学阅读过程中学生和学校全部使用匿名。视频资料、复印日志和书面材料在研究者博士毕业后,将被全部销毁。学生可以拒绝参加文学阅读和随时退出,研究者不会对学生进行任何索赔。研究者同时承担文学阅读课堂发生的教学事故和人身安全责任,但是不承担除此以外的任何责任。

第二节　研究参与者

为了更好地开展英语文学阅读教学,笔者在参加文学阅读的学校举办了一场阅读英语文学作品价值的讲座。讲座结束时,笔者发布招募英语文学阅读志愿者的通知。

笔者在不认识学生和不知道学生英语考试成绩的情况下,要求报名参加文学阅读的学生参加试测。然后,笔者通过以下方法亲自选拔学生:阅读学生写作的读者反应和学生阅读文本后回答问题的作业;在和学生交流的过程中观察学生的学习认真程度、学生英语及汉语的口语能力和写作能力,了解学生是否乐于交流自己的真实想法;参照英语教师和班主任的意见。本次文学阅读选择了来自高二、高三文科的 27 名学生及理科的 13 名学生。参加文学阅读的学生可以试听两次文学阅读课,参加第三次文学阅读课的 30 名学生被认定为参与英语文学阅读教学的正式学生。但是在实验快结束的最后 2 周,2 名同学退出。所以,最终退出的学生总共有 12 名。所选学生的英语考试成绩代表参加文学阅读学校英语考试水平的高、中、低层次。按照学校标准,在英语总分 150分的情况下,平均分在 135 分以上、110～135 分和 110 分以下的学生为英语考试成绩的高、中、低水平。笔者取学生最近三次考试的成绩平均分,统计后发现他们最近三次考试的平均分是 127 分,该分数位于学校全部学生英语考试成绩的中等偏上水平。本次学生全部学习的文学作品为 18 个,部分学生学习了全部的作品。研究参加者情况统计见表 4.3。

表 4.3 研究参加者情况统计

批次	男生/人	女生/人	文科/人	理科/人	高二/人	高三/人	退出/人	英语水平	文本/个
一	3	14	17	0	2	5	2	高、中	18
二	1	6	2	5	26	3	5	高、中、低	15
三	1	8	8	1	2	—	1	高、中	12
四	0	7	—	7	2		4	低	6
合计	5	35	27	13	32	8	12	高、中、低	—

第三节 研究数据

本节介绍笔者如何采纳质性研究的访谈、观察和收集实物(陈向明,2000),以及量化的问卷调查。

一、收集实物

实物是指和研究问题相关的文字、图片、音像、物品等(陈向明,2000)。笔者收集以下语料:学生阅读后回答问题的书面作业和写作的读者反应;通过转写学生课堂讨论、小组汇报、课程学习汇报、师生课堂互动、深度访谈、小组焦点访谈的录像和录音获得的转写语料;通过内省法、档案袋等方法获得的语料;笔者观察后写作的日志。

(一) 日志

日志就是把观察和访谈时听到的、看到的、感受到的内容详细地写出来。录音和录像的转写文字和当天的文字材料也归于日志(刘润清,1999)。

笔者在文学阅读过程中观察学生后及时记录。因为篇幅有限,笔者选择展示部分观察日志:

2017 年 12 月 10 日 星期天 阴

今天上课刚刚结束,两个学生举手,我看到她们,马上明白怎么回事了。这两个学生每次在这个时候就要我发下次教学的文学作品,我故意说:"同学们,我们今天不发下次上课的文学作品,星期三再发可以吗?"我的话音刚落,学生LCM 和 ZL 马上说:"老师,现在就发给我们吧,我们想早点看文学作品,这些文学作品很有意思,你尽快给我们吧,不要等到星期三。"我看着手机,现在已经是 12 点 40 分了,食堂马上就要关门了。当我看到学生还在教室看着我,不想离开的时候,我只好从包里拿出准备好的文学作品,发给学生。学生拿到文学作品以后,以百米冲刺的速度离开教室,跑向食堂。

(二) 学生对基于读者反应理论多维度问题链的回答和写作的读者反应

笔者在本节介绍基于读者反应理论多维度问题链的教学目标和评价目标在教学中的应用。笔者提前一周给学生分发基于读者反应理论的多维度问题链和文本给学生,要求学生在阅读文学作品后使用英语回答问题,同时以此问题链为引导使用汉语书写第一次读者反应。在上课前两天笔者收集所有学生阅读理解的答案和写作的读者反应,并认真批改学生的作业。在课堂讨论时,学生充分利用问题链进行小组交流,主要讨论读者信念和读者移情,交流自己对文学作品的理解。小组间开展互动,解释和评价文学作品后形成小组集体意见。最后每个小组派出一名同学向大家汇报自己组的文学作品理解和读者反应。下面的例子展示了笔者基于读者反应理论多维度的教学目标和评价目标而设计的问题链。

在英语短篇故事 *I Have Got Gloria* 的教学活动中,教师设计以下问题链,问题后面的括注汉字是笔者设计问题的理由：

（1）What is the story about?（考察文学作品内容）

（2）Why did I dognap 1,000 dollars from my math teacher?（考察文学作品冲突）

（3）I dognapped 1,000 dollars from my math teacher. Is it right or wrong? Please give your reasons.（考察读者信念）

（4）Is there a misunderstanding among my parents, my math teacher and me? How can we deal with this kind of trouble in our life? What can we learn from the story?（考察读者移情）

这些问题包括概括类、理解类、反思类和互动类。它们不但帮助学生理解文本、对话作者、形成移情、反思生活、树立正确价值观，还可帮助学生整体体会语篇、把握文学作品篇章特点、关注文学独特育人价值、从客观和主观视角解读文本。

学生在课外阅读文学作品后，使用英语回答阅读理解问题，同时写作第一次读者反应。课堂教学互动结束后，学生写作第二次读者反应。写作读者反应时，学生使用英语或者汉语都可以，但必须表达清楚。笔者对收集到的学生所有资料进行如实整理后开展分析。

（三）从学生课堂讨论和小组汇报中获得的转写语料

学生在课堂小组讨论后可以使用汉语或者英语向全班汇报小组讨论内容，但表达的内容必须清楚。以下内容是笔者选择的部分语料实例，具体为学生 YPP 在阅读 *Jake Drake：Teacher's Pet* 并进行课堂小组讨论后，汇报的第一次读者反应：

这篇文章主要讲了 Jake Drake 在三年级时因一些巧合事件，被许多老师所喜爱，但他却因此被全校大多数同学所讨厌的故事。他因成为老师的"宠物"而烦恼，最终靠自己的勇气摆脱烦恼。

文章的冲突主要是 Jake Drake 不想成为老师的"宠物"，他做出不正常的举动反而得到老师表扬。

他为了摆脱烦恼而做出的行为使我们感到非常吃惊。从这个故事中我们感到小孩世界的简单和天真，同时又可以体会这些小孩子做出这些举动的无奈。从中我们可以学习以下内容：

第一,老师应该平等对待学生,不能够因为自己的个人感情而对一部分学生特别好。比如,在我们的学习过程中,肯定会有优秀学生,同时也有差学生。老师要对学生一视同仁,帮助优秀学生更加优秀,帮助普通学生提高学习成绩,而不应该一直关注优秀学生。

第二,有些事情,要抓住时机,自己说出来。比如文章中的男孩子因一些巧合成了老师的"宠物"。但是他没有说出来自己不想成为老师的"宠物",因此大家对他的误会就更加多。如果他先澄清自己,那么他就不会有这么多的误会和麻烦了。

第三,我们要有勇气去做一些事情。如果文章中的主人公没有勇气告诉老师和父亲他的想法,那么事情就不能这么圆满地解决。

如果我遇到这样的事情,我会尽我的所能去帮助我的老师。而且,我会和老师进行交流,建议老师公平对待所有学生,不要不公平对待学生。

(四) 从学生课程学习汇报中获得的语料

在文学阅读结束时,笔者要求学生写作课程学习汇报,写作提纲如下:

第一,参加文学作品的阅读教学活动,

1. 有利于个人成长吗? 为什么?

2. 能够帮助你学习英语语言知识吗? 为什么?

3. 能够帮助你的英语阅读理解学习和为你提供英语阅读理解策略吗? 为什么?

4. 能够帮助你学习英语文化知识吗? 为什么?

5. 能够帮助你学习英语文学知识吗? 为什么?

6. 影响了你的生活吗? 为什么?

第二,如果未来有机会阅读英语文学作品,你会单独阅读吗? 为什么?

第三,请你给出英语文学阅读教学的意见和建议。

以下是学生 MPH 的课程学习汇报:

1. 有利于。例子:通过阅读文学文本 *She*,我了解了重组家庭的矛盾,和谐的家庭关系需要每一个家庭成员共同构建。而我也生活在一个重组家庭中,文本学习有助于我认识在整个家庭生活中应尽的责任。

2. 有很大的帮助。例子:①阅读文学作品补充了大量的词汇、短语和句子,丰富了我的英语语言知识,减轻了生词和难句给我的英语学习带来的压力;

②此次教学活动使我有机会阅读原汁原味的英语文学作品,了解地道的英语用语习惯,也让我的口语和写作能力有了较大提升。

3. 有帮助。例子:①阅读文学作品教会我文章写作技巧和结构布局技巧,提升了我对文本的理解能力和对文本重点的提炼能力,加深了我对联系上下文理解文本的感悟,这些方法帮助我更好地抓住文章主旨;②阅读文本材料篇幅较长,这锻炼了我阅读长难文本的能力,让我不会因畏难心理而半途放弃。

4. 有帮助。例子:①阅读文学文本 *The Pill Factory* 后,我认识到西方国家的青少年往往在假期打短工,减轻父母生活压力,这也反映了青少年也要独立自强的内涵;②学习文本 *The Avalon Ballroom* 后,我知道了西方圣诞节吃大餐和团圆饭的传统。

5. 有帮助。例子:①在阅读文学作品 *Mr. Know-It-All* 的过程中,我学习到了伏笔写作的手法,文中多处伏笔暗示小说结局,构思巧妙;②在阅读 *Jake Drake: Teacher's Pet* 的过程中,我学到了反语和嘲讽的写作手法;③在阅读 *Lessons* 的过程中,我学到了对比手法。

6. 它教会了我处理人际关系的技巧,加深我对这个社会的认识,帮助我适应社会生活。例子:①学习了 *Mr. Know-It-All* 后,我懂得了在待人接物中要把握尺度,既不能过于热情也不能过于冷漠;②学习文学作品 *After Twenty Years* 和 *Early Autumn* 后,我懂得了如何正确处理感性与理性的关系,怎样对待情感与工作的冲突。

7. 会。原因:①阅读是一种良好的习惯,可以净化心灵和陶冶情操;②阅读可以学习到他人人生智慧,使我更好地走好人生路。

8. 希望教师讲授文本时可以更细致。

(五) 通过内省法获得的语料

在本次文学阅读中,笔者要求学生在猜词时采用内省法,学生需要把他们猜词的过程写出来,笔者收集这些语料后展开分析,目的是了解学生阅读理解的加工过程。

例1:学生 WTT 猜词

1. warehouse:这个词在文中多次出现,根据第一段,再加上 house 的提示,该词应该是指"工厂、机械房"。

2. stale:第一段里这个词形容热天工厂里的气味,工厂应该是很闷的,不通气,加之热天,该词应该是"不新鲜的、难闻的"的意思。

3. overlay:这个词前面的词的意思是"药物",由此可知这句话是写药厂里的药味,所以此处应该是"四处弥漫"的意思吧。

4. mowing the lawn:这里是说一种体力劳动,lawn 是草坪,该短语的意思应该是"打理草坪、割草"。

5. label:把 label 贴在瓶子上是 Meredith 的工作,该词意思应是"标签"。

6. sigh:Meredith 对 Violet 笨手笨脚有点失望,sigh 的意思是"叹气"。

7. humbly:Violet 很不自信,对于 Meredith 的鼓励,应该是"谦逊地"。

例 2:学生 LMZ 的猜词

问题:请阅读下面的句子后猜测 blurry 的含义。

Someone had complained once about the pictures being blurry.

学生答案:The meaning of blurry is "not good" or "not clear".

学生思路:第 26 段"Someone had complained once about the pictures being blurry."中的 blurry 的含义可根据下文的"My mom would open the package to make sure the prints were clear."推测出,blurry 的精确含义是"模糊"和"不清晰"。

(六) 通过档案袋的方法获得的语料

在本次研究过程中,笔者采纳档案袋的方法记录学生学习点滴,档案袋中包括以下内容:统一登记的文学阅读资料;学生参加学习的登记表;收集到的实物、访谈和问卷调查的语料。

笔者也为自己建立了一个档案袋,收集笔者在开展文学阅读教学工作时的观察日志和在文学阅读教学期间的工作日记,档案袋中包括以下内容:笔者和学生的交流话语;笔者和参加文学阅读学生的科任英语老师及班主任的交流话语;笔者自己在批改学生作业时和教学后的所见和所思;笔者阅读学生的作业和读者反应后的反馈意见;笔者写作的工作日志。最后笔者通过阅读学生和笔者档案袋中的内容,结合学生自我评价和教师的课堂观察评价学生。因为本次文学阅读教学没有通过英语语言能力测量,笔者通过形成性评价和欣赏性评价相结合、质性和量化研究相结合的方法评价学生表现。

例 1:笔者阅读学生读者反应后的反馈意见

学生 PMJ 的第一次读者反应的原文如下:

这篇文章牵扯到了有关"空巢老人"的话题,抨击人心。在几年以前,央视关于"空巢老人"的广告就曾令我心酸,但那时并未想太多,因为外公外婆就住在几百米外。几乎每周,父母都会到乡下去看望爷爷奶奶。曾经我不是很理解,因为乡下的各种条件都在限制我,每次在爸爸提出看爷爷奶奶时,我跟他顶嘴已是常态。我总是想,回去好辛苦,而且爷爷奶奶似乎也不太喜欢我爸爸回去时对他们的约束:不能抽烟,不能熬夜打牌。有一次,爸爸语重心长地对我说:"爷爷奶奶老了,见面的日子一天比一天少,见一次少一次。你认为他们不喜欢我,但不知道每个周五他们都期待地打来电话。人要有孝心,你伯伯他们越不关心爷爷奶奶,咱们就越得关心。现在我也不限制他们太多了,只要剩下的日子都开心吧。"

这就有"孝"在里面,"孝"的传承与家风息息相关。爸爸只要一有空就在厨房大展身手,还会把外公外婆叫来团聚。妈妈觉得让外公外婆随意安排反而自在,但爸爸总是望我一眼,意味深长地说:"这是做给某些人看的。"在父亲给我的道德教育中,"孝"排在首位,它不是"卧冰求鲤"的大动作,却是潜移默化、润物无声的。

笔者的评价:

你阅读后形成了丰富的读者反应,进行了深刻思考,写得好。

例2:笔者教学后的所思和所想

2017 年 12 月 24 日　星期天　小雪

今天我们结束了一个 7000 单词的英语长文学作品 *Riding up to Ruby's* 的学习。该文学作品讲述一个孩子为了挣钱买自行车,在寒风凛冽和大雪纷飞的山区照顾一位 80 多岁独居老人的故事。

在阅读文学作品的过程中,我和学生们一起欣赏了文学作品中的景物和人物心理描写。课后学生反馈这是他们第一次在英语中了解这样的写作手法。学生欣喜的目光、激动的话语和高兴的神情告诉我他们收获了学习的快乐。

我分析学生的猜词练习后欣喜地发现学生猜词思路正确,经过一个学期的学习,他们基本掌握了在语篇、语境和模糊容忍度理论指导下的猜词方法,收获了猜词的快乐,获得了一定的语篇意识。

文中大量的雪景描写引起了我对新疆大雪的回忆。文中老妇人和孩子最后一次见面时的复杂的心理描写,以及老妇人到孩子家里辞行,孩子躲在屋内暗自哭泣的场景,都使得许多学生和我感动流泪。

我选择这个文学作品,不仅仅是想告诉学生这是课程结束的惜别时刻,更是想以这种特殊的方式感谢学生的参与和付出。

大雪纷飞,寒冬腊月,依依惜别,互相帮助,伤感和沉默,它们使我想起了自己在新疆生活的 17 年和我独居 9 年的日子,也许这个老人的生活就是我自己未来老年生活的写照。其实,我选择的实验文学作品或多或少折射出我成长的经历,这些经历又或多或少会出现在学生未来的人生旅途中。

此刻的千言万语也无法表达我对学生的感谢和我自己的复杂心情。

我已经在这 30 名学生心中种下了阅读英语文学作品方法的种子。

例 3:教师和退出文学阅读学生的交谈

当笔者给学生发下一个 6 000 单词的文本时,两名同学反应很激烈,强烈要求退出文学阅读。其中一名同学说:“如果我认真完成阅读任务的话,因为我做得很慢,我会花一个晚自习的时间,一节课(40 分钟)阅读文本,一节课做作业,一节课写读者反应,我兼顾不来。尽管我可以读得懂,但是这样太浪费我的时间。”同时,另一名退出的同学说:“我英语比较差,读那些短篇故事,5 000 单词以下的文本对我来说都是比较难的。现在阅读量对我来说太大了,我完不成任务。”

例 4:教师改进读者反应写作方法的工作日志

2017 年 9 月 17 日　星期天　晴

这几天在和学生交流的过程中,学生反馈他们要使用英语写作读者反应,因为这对他们的英语学习有帮助。但是在使用英语写作读者反应时,他们无法表达自己对文本的精确反应或者不能够正确地使用英语开展写作。我在今天的课堂上再次和学生这样说:“同学们,如果你想精确表达自己对文本的读者反应和提高自己的英语水平,你可以首先使用汉语写作读者反应,然后再使用英语来表达,你可以把自己的英语写作给英语老师看看,修改后交给我。”

2017 年 10 月 29 日　星期天　晴

从那以后,我收到了少部分学生使用英语和汉语写作的读者反应,也收到了两个学生一直使用英语写作的读者反应,结果发现一学生写得好,另一学生写得很糟糕。

例 5:教师改进课堂教学方法的工作日志

2017 年 11 月 12 日　星期天　晴

我在前三次的课堂观察过程中发现学生讨论问题链里的问题时不积极。下课后,我和几个学生开始了交谈,他们告诉我他们清楚了答案,就没有必要讨论这个问题了,希望我用这时间对文本中的疑难问题进行解答。我接受了学生的建议,在这次课堂教学中,我开展了多元文本标题的解读,学生提出了一些困惑,我一一答复了,同时课代表 ZXJ 也回答了学生的提问。

下课后我再次访谈学生对教学改进的意见,学生反馈这方法很好。因此我准备在未来的课堂坚持使用这种方法,这可以调动学生阅读的积极性,还可以挖掘文本的表层和深层次意义。

二、访谈

(一) 提纲和被选择访谈的学生

为了了解学生阅读英语文学作品时的收获和对教学的建议和意见,同时为了反思自己的教学,在文学阅读结束时,笔者开展了小组焦点访谈并对 5 名学生进行了深度访谈,要求学生书写文学阅读课程汇报。访谈提纲见附录 2。

笔者为了了解参加文学阅读的学生对英语文学阅读的态度,深度访谈了英语水平高的学生 MPH 和 ZLJ,也深度访谈了英语水平中等的学生 ZL 和英语水平低的学生 LY。笔者也对唯一的高三学生 CDY 进行深度访谈。学生 CDY 的英语考试成绩是 3 000 名高三学生中最优秀的(2018 年高考,她英语考了143 分)。

(二) 访谈

笔者把长达 8 小时的小组焦点访谈和深度访谈录音和录像进行转写。笔者和参加文学阅读的学生 ZLJ 的部分访谈内容如下:

笔者:请问你为什么一直坚持和认真地参加文学阅读学习?

学生:我喜欢阅读这些英语文学作品,很享受这样的阅读过程,文学阅读影响了我。

笔者:哦,那请你用两三句话来概括文学课对你的影响。

学生:①自己的世界观、人生观和价值观改进了;②提高了英语语言能力、扩大了词汇量、提高了文学作品理解能力,我能更仔细地阅读长文学作品,比如看出 *Jake Drake: Teacher's Pet* 中的反语与对比,在现在的阅读中,我会真正理解文学作品的深层次含义,而不仅仅是表面意义,我能从多角度理解文学作品,这些收获是在我们平时考试和做题中得不到的;③我自己也有改变,过去我心里有看法也不会说出来,但是现在,经过课堂上的讨论,我知道要有勇气和班上同学说出我的想法,这影响了我思考问题的方式。

笔者:你过去不说,现在读了文学作品,你为什么敢说出来想法?

学生:过去我特别在意别人的想法,如果我说出来,我担心我的想法不被别人接受。现在我会把它说出来,课堂环境鼓励大家去说出自己的想法。我现在有一个多元价值观,我的顾忌也没有过去那么多了,我敢表达自己的观点,我心理改变了,我就敢说了。

笔者:刚才你说你喜欢阅读这样的文学作品,为什么?

学生:阅读这些文本比阅读教材有趣一些。

笔者:真的吗? 为什么?

学生:英语课文跟不上时代发展脚步,主题太呆板,作品不太接地气,尽管文学作品难度比较大,但是语言地道,文学作品很有趣。英语文学作品多样化的主题贴近我们生活,可以帮助我们解决一些困难。

三、问卷调查

(一) 文学阅读前后进行问卷调查

笔者为了了解学生参加文学阅读后,阅读目的是否发生了变化,在每一名学生开始参加文学阅读时和学习结束时分别对他们进行了一次问卷调查,调查问卷采用五级量表的方式。

(二) 文学阅读结束时进行问卷调查

在文学阅读最后一周,为了解阅读英语文学作品是否在一定程度上有利于学生的人生成长和学生是否能够获得学习成就感,笔者对 30 名学生进行问卷调查。问卷调查的时间为 20 分钟。30 名学生的问卷全部收回。问卷调查内容详见附录 1。

四、研究数据分析和写作

笔者对收集的语料开展质性研究,根据扎根理论的要求对这些语料进行初级、中级和高级三级编码。为了确保研究结论的可靠性,研究还采用了三角论证的方法,从所有语料中收集各方证据,相互佐证,形成结论。

笔者采取质性研究方法是为了深入了解学生在阅读英语文学作品后的变化。笔者分析问卷调查得来的数据,得出统计结论。同时,本次研究采取目的性抽样,该方法不会影响课题在质性研究上的效度(陈向明,2004)。笔者在分析材料和成文时采取了分类法和情景法,并采用典型例子进行阐述。为了保护学生隐私,参加文学阅读的学校和学生全部使用代号。

第四节　研究编码

笔者在本节采纳扎根理论开展编码。扎根理论的定义和扎根理论的主要操作程序,请参阅第四章第一节相关内容。

一、文本介绍和问题链

为了呈现笔者编码后获得的有价值的信息,笔者以作品 *She* 为例进行编码。基于读者反应理论的多维度问题链和设计理由如下:

(1) What is the story about?(培养学生整体把握语篇、建构文本整体意义的能力,培养学生的理解能力和概括能力)

(2) What is the meaning of the title?(培养学生挖掘文本主题意义、建构文本标题意义的能力,培养学生的理解、推理和分析能力)

(3) Why do I dislike my stepmother? Please give some clues in the passage.(培养学生理解文本细节和文学文本冲突,更好地把握文本主题的能力)

(4) Why does my stepmother like my sister，Linda?(培养学生理解文本细节和文学文本冲突,更好地把握文本主题的能力)

(5) Why do I describe the kitchen and my stepmother's furs?(培养学生的推理能力,以及更好地体会文学伏笔价值的能力)

(6) Why do I like to live in my own shabby house?(培养学生理解文本细节和文学文本冲突,更好地把握文本主题的能力)

(7) If you were the characters in the passage, how could you deal with the same situations in your life?(考察读者移情:换位思考,如果是你,你会怎么办?)

(8) Do you think children should be independent in their lives? Why?

(9) Do you think the stepmother is a good mother? Why?

（10）What else can we learn from the text?

第 7 题到第 10 题可以培养学生的创造能力和批判性思维，凸显文学作品的育人和启智功能。

二、编码

（一）编码过程

笔者反复阅读文学作品和收集到的读者反应、访谈等语料后开始编码。学生课堂读者反应的语料和编码示例如下：

编码：［包容，适应新环境。］［独立，学会接受现实。］

编码原始语料：

这个角色和她姐姐之间产生了强烈对比，角色应该像姐姐一样懂得包容才可以适应新环境。还有一个就是角色要独立，这样才能摆脱他人控制，但是我认为我们应该学会去接受现实而不是一味地去改变现实。

（二）三级编码

笔者通过计算机工具 ATLSAS. ti7.0 对编码后的 30 名学生写作的关于作品 *She* 的所有原始语料进行分析，形成词频查询聚类图。初级编码如图 4.2 所示（字体越大表示出现频率越高）：

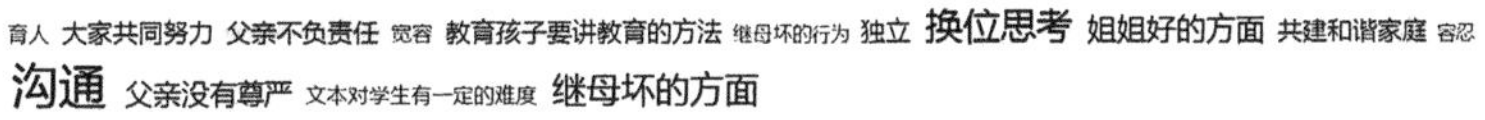

育人 大家共同努力 父亲不负责任 宽容 教育孩子要讲教育的方法 继母坏的行为 独立 **换位思考** 姐姐好的方面 共建和谐家庭 容忍
沟通 父亲没有尊严 文本对学生有一定的难度 继母坏的方面

图 4.2　初级编码

1. 初级编码

笔者从原始数据中提取关键概念，如尊严、沟通、换位思考、责任、和谐等。这些概念来自笔者对学生最初的表述进行的编码：

在一个重组家庭中，继母的行为被主人公认为是坏行为，但是继母是想培养主人公的独立能力，只不过在教育孩子时，她没有采纳好的教育方法。姐姐的好行为，比如容忍等，对家庭和谐有重要意义。父亲因为经济原因而表现得没有尊严。同时，父亲对姐妹俩的教育不负责任。主人公和父亲、继母有太多的矛盾，因为没有及时沟通，冲突加剧。为了使一个家庭变得更加和睦，家庭各成员需要沟通，换位思考，共同为和谐的幸福家庭做出贡献。

学生阅读文学作品 *She* 后形成了丰富的第一次和第二次读者反应、课堂汇报和访谈语料。笔者在反复阅读这些语料的基础上开始编码。笔者在此示例编码过程。编码1到编码2展示了学生课堂读者反应语料的初级编码过程。编码3到编码5展示了学生课堂汇报语料的初级编码过程。编码6到编码7展示了学生第一次读者反应语料的编码过程。

编码1:[孩子对陌生人抵触,有偏见和成见。][角色和继母的冲突。]

编码原始语料:

G1S2(第一小组第二个发言的学生,以此类推):

我理解到角色和继母有许多对立面,可能继母从小的生活环境和生活习惯与孩子有许多不一样,继母喜欢的孩子应该是听话和懂事的孩子,然而这个角色很叛逆。她对于这个家庭中的新来人有一种抵触心理,特别讨厌继母,不愿意正面去看待这个人,对继母抱有很多偏见,这导致她们之间有大量冲突存在。

编码2:[认识到家庭幸福和美满是多么不容易。][父亲对孩子缺乏爱。继母有压力。][继母加入这个家庭,也牺牲了很多,她还是想过平和的生活。][姐姐聪明可爱,平和,为父亲考虑。][角色有抵触心理,对继母不满意。]

编码原始语料:

读了这篇文章以后,我感觉到一个家庭的幸福与美满是多么不容易的事情。虽然这是个重组家庭,但是角色不太想去维护这个新家庭。继母想营造一种和平的氛围,例如她面对这样一个家庭——不仅有孩子,家庭条件也不好,和自己的家庭条件差很多,她还是选择要和这家人在一起,加入这个家庭。作者以为她要走时,却听到电视机打开的声音,她还是做出了选择,她选择继续待在这个家里,所以继母有一种想和她们平和生活的态度,并且付出了一系列努力。但是从现实情况来看,这是一个不太容易的事情。首先,"我"特别抵触继母,同时"我"也是一个年龄较小的孩子,姐姐虽然是一种平和状态,但是她对继母也是不满意的,有一个地方提到她姐姐 stop smiling(停止微笑)。父亲对这个继母的说话态度使读者可以明显地感觉父亲在继母面前是有大压力的,而且父亲对孩子还是缺少关爱。

编码3:[从女孩角度来看抵触继母是不对的,应该接受和理解继母,融入家庭。][她因为喜欢她母亲,而不愿意离开那个地方,她要学会适应新地方。]

编码原始语料:

第二小组读者反应讨论:

我们这个小组读者反应分为两个部分,一个部分是从女孩角度出发,另一个部分是从继母角度出发。这个女孩从她继母来了以后,一直对她继母有种抵触心态,所以从这个角度来看,这个女孩应该去接受继母成为新家庭的一分子。她应该像姐姐一样尝试融入这个新家庭环境。从继母角度来说,作为一个继母,在说话方式上不应该那样刻薄地对待女孩,她还是一个小孩子。

G2S1:

我是从那个女孩的角度考虑的。她最开始不接受继母,一直不喜欢她,以至于最后搬到那个比较好的房子里去时,两个人关系还是不好,所以我认为这个女孩应该尝试接触与理解。当一个新家庭组建时,不应一味地封闭死守与抱怨,总是回忆以前的事情,而是应该敞开心扉地去接受和理解,应该看到别人的好。还有一个就是,你看他们的生活环境是很恶劣的,但是他们到了一个新环境后,感到新环境没有原来的环境好,有种敝帚自珍的感觉。

编码4:〔换位思考才是解决矛盾的方法。〕

G2S2的编码原始语料:

血缘是亲情纽带,她和继母始终有隔阂,但是要打破这种关系,双方就要换位思考,这样才能更好地解决问题。

编码5:〔我不喜欢继母的做法,这导致我对她抵触。〕

G2S2的编码原始语料:

我看这个文章太消极了,她后妈强迫她去干她不喜欢的事情,如看童话书、看故事书,她母亲在的时候都没有这样强迫她,但是她继母来了之后却命令她做这、做那,所以没给她留下好印象。继母不仅抑制她的兴趣,后面还叫她去做家务,而且继母说话特别直接,有些命令的感觉,这就使矛盾加深。

编码6:〔建设一个幸福和美满的家庭需要大家共同努力。〕

编码原始语料:

学生WTT:

通过阅读文章,我对建立一个和睦美满家庭的重要性与困难有了更进一步的了解。就以文中这个重组家庭为例,想要和谐的家庭氛围,就少不了每一个家庭成员的努力。父亲作为这个重组家庭中唯一的男性,在面对新妻子和女儿们之间的矛盾时却退缩了。而想要家庭美好和睦,作为父亲,就必须担负起自己的责任。继母作为这个家的新成员,则应当承担起一个母亲与妻子的责任,要有耐心和宽容,而不是一味地从别人身上挑毛病、找原因,而对于孩子的教育与关爱,则应给予孩子更多精神上的安慰。姐姐与妹妹作为家庭里的两个小孩,应对继母多一些宽容和理解,要尝试主动表达自己的想法。家庭是一个集合体,每一个成员对家庭的认可对于构建和睦家庭都很重要。

有的学生用英语和汉语书写读者反应,编码方式仍然如前例。

编码 7:[加强沟通和交流很重要。][每一个家庭成员在重组家庭中发挥各自价值,每个人为自己家庭做出贡献。父母有责任创造好的家庭关系。子女应该自己调整生活来适应这个家庭,避免造成家庭冲突。子女应该理解父母。快乐家庭需要每个人付出爱。][我很高兴生活在一个完整和幸福的家庭。我理解一些小事的价值。][我希望走进父母的生活和认真表达对他们的爱]。

编码原始语料:

In my opinion, each member plays an important part in a reconstituted family. And it's significantly important for people to keep a comfortable relationship with family members at least. On the one hand, parents have a responsibility for making a great family atmosphere. On the other hand, children should adjust themselves to the new condition and understand parents' devotions, avoiding doing something that will cause unnecessary conflicts. I believe throughout that living a happy life needs everyone's effort.

很幸运的是,我生活在完整、温馨和幸福的家庭。因此我对于文中女角色的感受,理解并不深刻,但是她让我清楚了一些以往自己并不在意的小事的价值。

一直以来,我都是一个在外开朗洒脱,在家却有一些扭捏的女孩。有一次,我和妈妈一起躺在床上,愉快地聊着天。我对妈妈说我遇到烦心事,她认真安静地听着,妈妈也告诉我最近工作上发生的一些琐事,我们彼此尊重理解,进行着心灵沟通。现在想来,这样的交流是必要的。因此我认为文中女孩应该与父母主动交谈,这样的话可能家庭现状会改变很多。

今后,我希望一步步地走进父母的世界,认真表达我对他们的爱。

2. 中级编码

笔者得出中级编码:[家庭和谐。]

编码依据为如下初级编码后的语料:

为了家庭和谐,在重组家庭中父母要注意孩子的教育方式,父母要有尊严,家庭成员要及时沟通和换位思考,每个家庭成员都应该承担自己的责任。

3. 高级编码

笔者得出高级编码：["和"。]

编码的理由如下：

要使家庭和谐，就必须平衡好家庭关系，克服感情上的偏私，只有一视同仁和公平公正地对家族成员，才能使家庭成员之间同心协力、和睦相处，所以"和"是小家庭和大社会和谐的基础。

第五章　文学阅读课程建设和教学

　　本章回答了本书的三个研究问题之一：学生在阅读英语文学作品时获得学习成就感的条件是什么？本章的文学阅读课程建设和教学包括课程目标、课程内容、教学计划、课程评价、学生招聘、教材选择、课堂教学方法、基于读者反应的多维度问题链等内容。

第一节　英语文学阅读的课程建设

一、建设英语文学阅读课程

　　笔者是文学阅读课程的教师和课程开发者。为了更好地开展研究和达到研究目的，笔者需要开发英语文学阅读课程，在开发课程时应该了解课程建设原理，在实践过程中遵循课程原理，关注课程设计、课程评价、课程管理、教材改编，把握学生的需求情况（Graves，1999）。文学阅读课程建设步骤如下：

　　第一步，评估学生需求。教师收集和解释学生需求信息，根据评估结果设计课程，以满足学生需求。

　　第二步，明确教学目的，设定教学目标。教学目的是指教学活动的预期结果，是教学工作为实现教育目的而提出的一般的、概括的总体教学要求；教学目标是指教师为了完成教学任务和满足学生的学习需要，在教学活动中制定的具体、明确的学习目标。

　　第三步，对收集的信息进行选择。影响信息选择的因素包括课程目的、教学理念和已经掌握的信息。

　　第四步，构建课程组织体系。课程组织方法取决于课程内容、课程目标、课程目的、教材、学生过去的经历和学生需求,也取决于课程建设者的理念、理解、方法和背景。

第五步,选择教学材料。教师根据教学材料,编写教学计划、安排教学内容。这是实现课程教学目的,细化课程教学大纲的过程。

第六步,组织教学。教学过程是教师将知识传授给学生,与学生沟通知识、技能和学习方法的过程。

第七步,设计评估计划。评估包括需求评估、学生学习和课程评估、形成性评估和总结性评估。学生学习评估是指评估学生正在学习的内容,评价他们学到了什么,以及课程在多大程度上实现了课程设计时的初衷。

二、文学阅读课程建设的困难和解决办法

目前在中学开展英语文学阅读研究比较困难,笔者通过对参加文学阅读的学生及其家长、班主任、科任教师的访谈和问卷调查发现下列原因在一定程度上影响中学成功开设英语文学阅读课。

第一,学生、家长、班主任、科任教师认为开设英语文学阅读课不能够帮助学生立竿见影地提高英语成绩,可能会影响学生其他科目的学习。

第二,教师对教学方式不太熟悉,对文学作品教学的理解不够。

第三,学生更关注语言知识,他们认为语言知识可以帮助他们在英语考试中考高分。同时,学生对文学作品是否能够帮助他们提高阅读、口语和写作能力持怀疑态度。而且一些学生阅读英语文学作品太少,学生阅读的畏难情绪比较大,学生在阅读英语短篇故事还是长篇故事方面存在矛盾心理。

第四,教师不知道怎么样才能够更好地帮助学生学习。比如,文学阅读课程是在文科班开设还是在理科班开设? 教师监督学生阅读效果的策略是什么? 文学阅读时间怎样科学安排? 本探索性研究怎样不和学生正常学习时间发生冲突、如何不影响学生学习学校的英语课程和其他科目?

第五,教师不知道怎么样评价课程效果。比如,怎样编写访谈提纲和调查问卷? 怎样调查学生对中学开设英语文学阅读课程的态度、学生对文学课程建设和开发的意见以及学生获得的学习成就感?

本次笔者通过与学生、家长、老师和学校领导商量得出以下解决办法。

第一,向学生、家长和学校领导讲解文学阅读的价值。笔者向参加文学阅读的学生、家长和领导讲解教学内容和方法,让他们明白文学阅读教学不但可

以提升学生的英语能力和文学素养,还能让学生收获成就感,从而帮助他们健康成长。另外,文学阅读对高考考高分也是有帮助的。

第二,制定课程目标。笔者帮助学生通过探索性教学方法获得情感、态度、价值观、文学能力要素和英语学习方面的成就感,发现读者反应形成的基础和来源。

第三,选择教学教材。笔者考虑到一些学生阅读文学作品的体验比较少,学习时间特别紧张,因此,在选材上以英语短篇故事为主,字数在 5 000 词以内。同时笔者严格控制文学作品中的生词量,尽量不超过 5%。

第四,安排课程教学时间。笔者每周进行两课时(80 分钟)的文学作品阅读教学,总教学时间为 40 课时。

第五,要求学生课前精心准备。笔者提前 1~2 周给学生分发阅读教学材料,要求他们课外单独阅读,并且书写读者反应和回答阅读理解问题。这可以培养学生的阅读理解能力和写作能力,也可以为学生进行课堂文学讨论、汇报课堂讨论内容,以及师生互动做好铺垫。

第六,明晰课程教学方法:基于任务驱动(基于读者反应理论多维度的学习目标和评价目标写作读者反应),引导学生阅读文学故事。学生采纳课外阅读和课内讨论相结合的方法进行学习,因为在任务驱动下的课前学习利于学生和文本形成丰富互动,学生可以更好地体会文本的教学价值(英语语言知识等)和教育价值。

第七,开展课程教学。教师不给作品贴标签,学生通过自读、文学圈阅读、思考和讨论的方法理解文学作品;教师在阅读课堂通过有趣的导入和接近学生生活的讨论问题帮助学生掌握文本客观信息和开展一些哲学性的思考;学生在分析故事的情景、情节、角色和寓意的过程中学习语言知识;学生在讨论、思考、表达和合作中提高能力素养;学生在快乐阅读(悦读)中树立正确的人生态度和价值观(杨晓娟、卜玉华,2018)。

第八,做好教师培训。笔者在博士研究生期间已经接受了开发英语文学阅读课程和进行文学阅读教学的培训,笔者能够成功地开设英语文学阅读课程。

第九,实施课程评价。文学阅读时间为一个学期,教师通过以下活动获取数据后及时开展教学评价,再酌情调整和优化研究方案:阅读学生理解文本后回答的问题和书写的两次读者反应;观看教学视频;听学生讨论和访谈的录音;阅读和分析学生的问卷调查和学生课程学习心得汇报语料。

第十,选择合适的学生。文学阅读首先在文科班开设,文科生学习英语的时间比理科生更有保障。文学阅读教学主要在高二学生中开展,因为高一学生刚刚入学,词汇量少,而高三学生学习时间紧张。

第十一,开发教材和开展阅读试测。首先,教师选择好教材,编写课程计划和评价方案。然后,教师找一批和参加文学阅读学生的成绩和年级同质的学生试读教材,收集他们对教材的反馈信息,及时了解教材是否适合学生和符合文学阅读的目的。如果不适合,教师及时调整和了解学生阅读困难的原因,分析到底是语言文字障碍还是意蕴太深导致学生不理解文本。

第十二,开展一系列的阅读教学活动。学生在教师指导下进行独立文学阅读、课堂讨论和交流、课堂汇报和师生互动。阅读评价通过回答问题、写作读者反应、开展文学讨论等多元方式开展。教师采纳教学(教学文学知识、文化知识、语言知识等)和不教学(学生自己写作读者反应)相互结合的方法。

第十三,建设闲适阅读的个体课外阅读课程。开展闲适和独立的课外阅读可以平衡学生不同的阅读速度并培养他们的阅读兴趣,突出学生的主体性。也可以建设具有引导性和互助性的课内阅读课程,这包括开展任务型阅读、分享性阅读、师生互动结合阅读和以教师为主导的阅读教学。

第十四,进行问卷调查和访谈,写作课程汇报。文学阅读开始前,笔者进行问卷调查,调查文学阅读课程在中小学的开展现状,了解学生阅读过的国外文学作品,实现选材内容和学生阅读图式匹配。文学阅读结束后,笔者再进行访谈和问卷调查,询问学生对文学教学的态度和对文学阅读课程建设的意见,同时了解学生的文学阅读经历和发现学生的学习成就感。笔者编写英语访谈提纲后深度访谈学生,开展问卷调查,要求学生书写课程反思报告。这些活动的目的是了解学生阅读文学作品后对英语文学作品的态度,了解文学作品对学生成长的影响。笔者同时提炼帮助学生树立健康心理意识的方法和成功开展英语文学阅读教学的方法。

三、开发高中英语文学阅读课程

课程包括课程目标、课程内容、课程实施和课程评价(泰勒,2014)。

(一)课程目标

学生通过探索性教学方法获得情感、态度、价值观和文学能力要素方面的成就感,发现读者反应形成的基础和来源。

(二) 课程内容

1. 需求分析

笔者在和师生访谈的过程中发现学生十分想通过阅读英语文学作品获得英语学习成就感。但是笔者在调研中发现学生阅读素材来源稀少,教师不知怎样开设英语文学阅读课程,也不知道学生通过阅读英语文学作品获得的英语学习成就感的基础和来源是什么。

2. 课程教学大纲

笔者采纳图 5.1 所示的课程教学大纲开展教学。

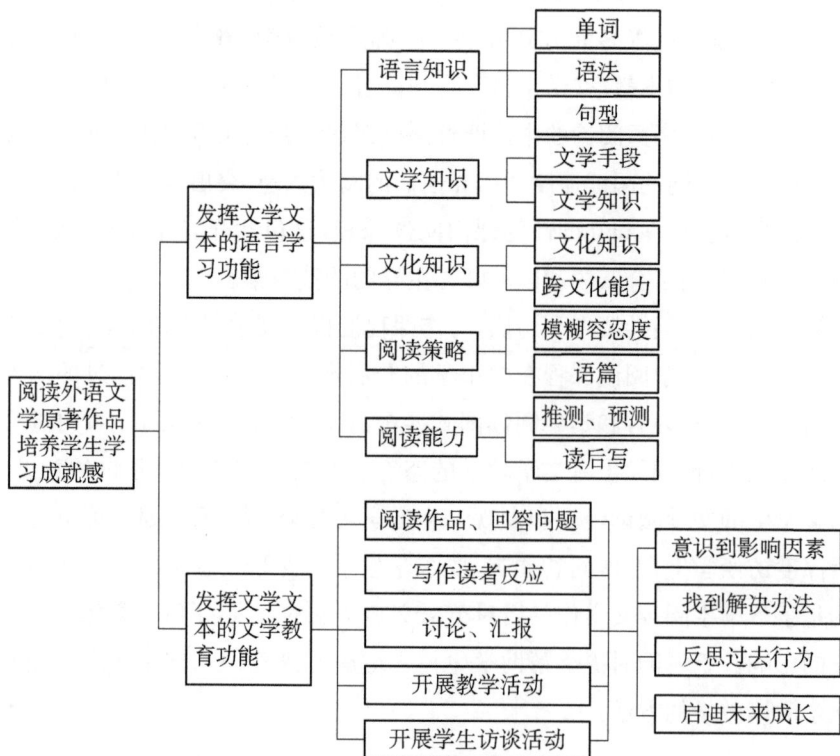

图 5.1　课程教学大纲图

3. 课程规划要素

● 建设课程者和执教教师:本次文学阅读教学的研究者(即笔者)。

● 课程教学目标:学生通过探索性教学方法获得情感、态度、价值观和文学能力要素方面的成就感,发现读者反应形成的基础和来源。

- 课程学习时间安排:40 课时,每课时 40 分钟。
- 课程学习时间:2017 年秋季学期的每周星期天 11:00～12:40。
- 课程学习地点:某省 B 县 E 中学 T 园 YC 楼 105 教室。

4. 教学内容

笔者选择至少 30 名学生参加文学阅读,以高二文科生为主,理科生为辅。高二 29 名学生、高三 1 名学生参加每周的英语文学阅读学习。教学时间从 2017 年 9 月 3 号到 2017 年 12 月 31 号。笔者精心挑选文本,开展试测后,再选择 18 个和学生内化和外化问题及预测因素相关的英语原著文学作品作为本次文学阅读课程教材。笔者按照互文理论选择文本。第一,教师选择 10 个和学生生活、内化和外化问题、预测因素形成互文性的话题;第二,教师选择的每个话题中至少有 2 篇文章形成互文;第三,教师所选择的文本和学生阅读过的中文或者英语的文本建立互文性。

5. 试测文本

为了及时把握文学作品难度和学生阅读文学作品后的读者反应,笔者邀请了一些和参加文学阅读学生同质的学生(英语考试成绩和参加文学阅读学生的考试成绩一样的高二学生)参加试测。笔者通过这种方式了解学生对文本的阅读反馈,更好地服务教学。在本次阅读过程中,笔者招募了 10 位试测者。2 人为一组,每组同学阅读 4 个文学作品。每次在给参加文学阅读的学生分发文学作品的前 2 周,笔者找 2 名和参加文学阅读学生同质的学生阅读文学作品,要求他们回答阅读理解问题,请他们写读者反应,然后对这些学生进行访谈。笔者通过这些方法了解文学作品的难度和知晓学生是否喜欢这些文学作品。

6. 课程教学内容安排:

2017 年秋季学期课程教学安排如表 5.1 所示:

表 5.1　课程教学安排

时间	文学作品名称	时间	文学作品名称
9 月 3 号	*Early Autumn* *The Present*	9 月 24 号	*After Twenty Years*
9 月 10 号	*The Golden Touch*	10 月 1 号	*I Have Got Gloria*
9 月 17 号	*The Washwoman*	10 月 8 号	*The Discus Thrower*

(续表)

时间	文学作品名称	时间	文学作品名称
10 月 15 号	*A Piece of Yellow Soap*	11 月 26 号	*The Pill Factory*
10 月 22 号	*She*	12 月 3 号	*The Avalon Ballroom*
10 月 29 号	*Freedom Crossing*	12 月 10 号	*The Suitcase*
11 月 5 号	*Lessons*	12 月 17 号	*Mr. Know-It-All*
11 月 12 号	*Jake Drake：Teacher's Pet*	12 月 24 号	*Riding up to Ruby's*
11 月 19 号	*He Ran Because He Loved to Run*	12 月 31 号	课堂小组访谈、问卷调查和写作课程学习汇报

(三) 基于读者反应多维度的教学目标和评价目标方案

1. 课程学习评价关系

崔允漷和雷浩(2015)提出了"教—学—评"一致性的原则,在课堂教学中目标既是出发点,又是归宿,而"教—学—评"是基于目标开展的专业实践。

2. 阅读教学原则

在本次文学阅读教学中,笔者坚持如下的阅读教学原则。

第一,阅读者应该多维度地开展文学作品的解读,这包括通过文本内容和文本冲突客观解读文本,通过读者信念和读者移情主观建构和生成意义。

第二,阅读者应该结合自己的图式建构文本意义,形成与阅读文本的互文性。

第三,阅读者在文学圈等学习共同体中开展智慧碰撞,在彼此的差异中相互学习和分享对文本不同的理解,建构文本意义。

第四,阅读者在教师设计的基于读者反应理论多维度问题链的引导下,实现自我和文本的对话,帮助自我内心健康成长。

第二节　英语文学阅读的教材选择

为了达到研究目的,笔者选择文学作品,开展作品的可读性试测和安排文本教学顺序。笔者反复阅读文本,娴熟把握文本内容和主题,帮助自己最大化地体会文本的教学价值和教育价值,这为笔者更好地引导学生体会文本的教学价值和教育价值奠定基础。

一、选材理论依据

选择和评估文学阅读材料时应该关注以下内容:合适程度(符合学生阅读需求和教师教学需求)、可利用程度(阅读课的目的和生活中的价值)和可读性(如陌生词汇量、文本结构难度等)、阅读材料的真实性(选择以英语为母语者所提供的阅读材料)(Wallace,1992;Nutta,1996)。

笔者应该选择高质量文本和学生熟悉的文本。英语文学阅读材料应该和学生在母语中阅读过的材料进行联系(Rivers,1981)。选择英语文学作品进行阅读教学时应该遵循 4 个原则:文学文本的语言应该符合学生当前的英语语言水平;文学文本的内容应该和学生熟悉的文化和社会相匹配;文本的内容应该和学生的生活相关;选择文本时应该关注文本的语言和文本承载的教育价值的质量(Aebersold and Field,1997)。

研究发现外语或者二语的同龄学习者是基于 Krashen(1985)提出的第二语言习得理论阅读儿童文学或者青少年文学作品的(Cox and Boyd-Batstone,1997;Custodio and Sutton,1998;Watts,1999)。Krashen(1985)强调第二语言的习得应该和第一语言的习得一样关注语言的意义而不是形式,他主张学生在真实的英语文本中做有意义的任务,而非仅关注语言形式的学习。

Lynch-Brown、Tomlinson 和 Short(2014)认为:所选择的文本应该和青少年生活相关,这利于学生积极投入学习、进入阅读状态和理解文本,并和生活产生共鸣;选择的优秀文学作品能够提供给阅读者多元的文化体验和观点、多样化的写作风格和当代青少年社会中的流行文化。学生阅读文学作品越多,他们就越能了解各种生活体验,也就越会选择自己感兴趣的作品,慢慢地就会成为更好的文学阅读者(Lynch-Brown,Tomlinson,and Short,2014)。

目的语文学读物的选择应该和学生在母语文化中阅读过的文学作品相关联(Rivers,1981),如短篇故事、短篇小说、戏曲和诗歌。所选择的文学作品应该和学生生活相关联,它应该是建立在学生的经历和生活之上的,能够被学生所体验,应该是儿童成长文化中的一部分(Lalande,1998)。

选择的青少年文学作品应该能够满足成长中学生的生理、心理和社会发展的需求。只有这样的作品才能够赢得学生的喜欢,激发学生学习热情。选择好学生喜欢的文学作品是开展文学欣赏的第一步。在选择文学作品时应该遵循SAVE原则（夏进军，2018）。S代表short，即选择短篇故事；A代表Appealing，即选择吸引学生阅读兴趣的读物；V代表Varied，即选择多样性的体裁和题材；E代表Easy，即控制文本难度，减少学生阅读焦虑。

Betts(1946)描绘了4种阅读水平，分别是基础水平、训练水平、困难水平和接受水平。Betts(1946)认为基础水平是指学生可以脱离老师的帮助，进行独立阅读，阅读理解率达到90%，学生阅读兴趣强烈。这样的材料适合在阅读开始阶段使用，有利于训练学生阅读速度，培养学生的阅读流利度和学生的阅读信心。训练水平是指阅读理解率达到75%，这恰好可以训练学生的阅读技能。教师在讲解新的阅读策略后，可以提高对学生的训练难度。困难水平是指阅读理解率达到50%。这类材料的难度很大，学习者容易产生挫败感。这证明学生没有真正读懂文本。导致这种情况的一个关键原因是词汇，词汇是影响文本易读度的主要因素之一。同时，如果文本没有一点生词和难度，就不利于培养学生的阅读能力、阅读策略和模糊容忍度。接受水平等同于学习者在听教师朗读材料时的听力水平。教师在朗读时，学生听懂的材料的难度远远高于学生阅读文本的难度。

Ellis、Donelson和Nilsen(2012)认为科学的文本主题可以帮助学生处理成长过程中遇到的困难，因为这些文本具备以下特点：文本短和角色多；青少年是文本中的主角；文体不复杂；学生认可文本，对文本的文化和主题熟悉。

教师应该在阅读过程中培养学生的阅读动机，提高学生的阅读信心和阅读预期回报，降低学生预期付出。为防止学生对文本和对文学阅读课程的抵制，教师在选择文学文本时应注意以下内容：①克服造成学生认知能力困难的障碍，如学习技能欠缺、阅读流利度较低、单词辨认不熟练等；②避免教师过度关注阅读课本、教学过度强调教师对学生的控制、学生不能够直接选择自己喜欢的文本、教师太关注利用教材让学生进行比赛；③减少文本中的陌生词汇量和降低句子的结构复杂度，以防给学生造成负担；④避免在文本中出现学生不熟悉的文化和经历；⑤选择多图片、少文字和可以预测语言内容的文本；⑥选择的文本要能够反映读者体验的全球文化和反应学生的文化；⑦所选择的文本能够吸引学生投入到文学阅读中，能够给学生带来快乐，和学生的身份达成一致(Lynch-Brown，Tomlinson，and Short，2014)。

笔者在本次英语文学阅读教学中选择青少年文学作品时关注以下内容：

　　为了帮助学生在可理解的语言输入条件下开展学习,笔者在选择教材时基于符合学生经验和控制词汇难度的原则,进一步丰富学生经验和帮助学生成长。被选择的文学作品要能够培养学生在学习过程中的学习内在动机。内在动机指学习者对学习过程本身产生兴趣。文学作品的选择和讨论题目的升级要能激发学生内在学习动机。

　　笔者在选择教材时考虑文本的教育价值、难度、类型和学生的认知水平,理由如下。

　　笔者应该选择涉及学生同伴群体和自我对象的文学作品。心理学研究证明同伴群体和自我对象在成长中意义重大。而且在基于读者反应理论开展的文学阅读中,教师应引发学生的阅读期待,帮助学生产生阅读欲望(郭金秀,2011)。熟悉的话题能够使学生在阅读过程中感到亲切和形成阅读期待,从而更好地引发共鸣和更好地体会文本中的情感、文化、审美和价值观。因此在选择文学作品的过程中要考虑文学作品中的人物应该和学生是同伴群体,文学作品材料应该和学生生活相关,同伴间的情感联络和共鸣可以帮助学生进行积极和主动的自我调节(Lynch-Brown, Tomlinson, and Short, 2014)。笔者应该选择一些能够影响学生积极成长过程中内化和外化矛盾刺激因素的文学作品。学生在教师的引导阅读和文学圈等方法中形成健康的自我整合力(coherence),减少心里边界感(boundary),从而健康成长(李晓文,2001)。

二、选择文学作品

　　笔者在选择文学阅读话题和作品时考虑了以下因素:

　　第一,学生应该在处理变化、挑战、关系、公正、冲突等问题的成功经验中成长。

　　第二,学生应该在和谐的生态环境中成长。狭义的生态美学强调人与自然处于平衡的生态状态。而广义的生态美学强调人与自然、人与社会、人与人、人与自我的生态和谐和生态审美(曾繁仁,2000)。因此,笔者选择影响青少年内外化问题因素方面的话题和文学作品,这主要包括个体、家庭、学校等生态环境和人与自然的和谐环境4个方面。文学作品涉及以下话题:当代青少年面临的父母离异、父母压力、师生冲突、同伴压力、家庭环境压力、社区环境压力、低社会经济地位、不良亲子关系等。学生应该在了解影响青少年内外化问题因素的情况下健康成长。

三、话题和文学作品

笔者选择了影响青少年内外化问题因素的作品开展教学,话题和文学作品如表 5.2 所示。

表 5.2　话题和文学作品

话题	文学作品
爱	*After Twenty Years* *Dead End* *Freedom Crossing* *He Ran Because He Loved to Run* *I Have Got Gloria* *Jake Drake：Teacher's Pet* *Lessons* *Mr. Know-It-All* *Riding up to Ruby's* *She* *The Avalon Ballroom* *The Discus Thrower* *The Golden Touch* *The Pill Factory* *The Present* *The Suitcase* *The Washwoman* *A Piece of Yellow Soap*
生存、家庭、同伴关系、师生关系、孤独、经济、疾病和爱情的压力	*After Twenty Years* *Freedom Crossing* *I Have Got Gloria* *Jake Drake：Teacher's Pet* *Lessons* *Mr. Know-It-All* *Riding up to Ruby's* *She* *The Avalon Ballroom* *The Discus Thrower* *The Pill Factory* *The Present* *The Suitcase* *The Washwoman* *A Piece of Yellow Soap*

（续表）

话题	文学作品
低的经济地位对角色成长的影响	*Lessons* *Riding up to Ruby's* *She* *The Avalon Ballroom* *The Pill Factory* *The Sleepy Time Gal* *The Washwoman* *A Piece of Yellow Soap*
多元价值观	*The Golden Touch*
诚实、友谊和公正	*Mr. Know-It-All*
人和自然	*Early Autumn* *The Golden Touch*
重组家庭压力	*She* *Lessons*
老龄化	*Lessons* *Riding up to Ruby's* *The Avalon Ballroom* *The Present* *The Washwoman* *A Piece of Yellow Soap*
父母和子女关系	*I Have Got Gloria* *Jake Drake：Teacher's Pet* *Lessons* *Riding up to Ruby's* *She* *The Avalon Ballroom* *The Golden Touch* *The Pill Factory* *The Present* *The Suitcase* *The Washwoman*

　　教师应该以具体的青少年文学文本为教学案例，实现读者和文本、环境、自己人生体验的对话，从而帮助学生成长。

　　能够帮助中国学生积极成长的选材原则包括：真实性原则（语言地道的材料和能够引发学生情感共鸣的材料）、关联性原则（母语文学和外语文学的关联，课内外文学阅读的关联，文学语篇和其他语篇的关联）、可理解原则（语言难易度和内容要符合学生的认知水平，文本长度、词汇量和语法结构要恰当）、趣味性原则（体裁和题材要恰当，学生感到文本内容有趣，学生能够真正进行快乐阅读）、主题原则（开展专题阅读和文化价值观阅读）（黄军生，2014）。

四、文学阅读作品内容分析

为保证研究顺利进行，笔者在反复阅读文本后形成如下的作品内容分析。

Early Autumn 向我们展示了昔日恋人的感情画面，作家采用通俗的日常语言呈现女主人公 Mary 跌宕起伏的感情波澜，字句落满深秋味道，昔日恋人再见面时形同陌路。文本生动诠释了女人的感性和男人的理性。

The Golden Touch 是希腊神话故事，讲述国王 Midas 喜欢女儿，想为女儿留下更多财产，因而喜欢黄金。他在高人指点之下，拥有高超本领：手接触的地方，马上变成黄金。开始时他非常高兴，但是后面他烦恼不断，最后他放弃了高超本领，回归正常生活。

The Present 讲述了一个独居老人在自己 80 岁生日到来时刻，翘首期盼自己唯一女儿的生日礼物的故事。最后女儿不能来参加母亲的生日，只能给母亲寄来一张写有生日快乐的卡片和一张支票。失望的母亲最后把支票撕为碎片。文学作品大量使用伏笔，故事扣人心弦，引人入胜。母亲、女儿、女婿、邻居、朋友和邮递员的言行举止为母亲的失望埋下伏笔。作者采纳对比写作手法描写了母亲从期望到失望的心理过程。惟妙惟肖的文本描写突出了文学作品的多重意义。尽管这是个简单易懂的文学作品，但它勾画了复杂情感，再现了老龄化社会的悲哀。它教育子女要关心老人情感和物质世界，给老人快乐晚年。

She 讲述一个美国少年和继母的紧张生活。她和姐姐、父亲和继母在一起生活。母亲去世给父亲带来了一些巨大变化，她和姐姐承担了许多家庭责任。她认为继母使她生活更加痛苦。在她心中继母是 she，而不是母亲。文本讴歌和弘扬责任、勤劳、自立自强、母爱、沟通、交流、换位思考、多角度思考问题等品质。

Lessons 讲述一个美国高中女生做家庭教师的经历。主人公在给老人讲故事的过程中体会到了帮助别人的快乐。然而，她继母认为这是一个可以向老人要高价的好机会，但是文章主人公拒绝了继母的过分要求，她在给老人上课和做家教的过程中，从自己的继母和两位老人身上学习了很多为人处世的道理。

I Have Got Gloria 选自美国著名短篇小说集 *No Easy Answers*。文学作品讲述了"我"在数学考试中被老师评定为不及格,"我"父亲答应"我"的暑假旅游计划因为考试失败而取消。"我"因此对数学老师怀恨在心,找机会来报复老师。"我"谎称找到了狗,并且向她勒索 1000 美元费用和 20 美元买狗食物的费用。父亲和"我"沟通以后,"我"明白了是自己的错误导致了数学考试失败。"我"下定决心好好学习数学。同时"我"良心发现"我"的报复和勒索行为是错误的,"我"觉得对不起数学老师,"我"在电话中告诉她"我"没有发现狗。当"我"回家时,母亲告诉"我"老师打电话来了,邀请无偿给"我"补习数学。

After Twenty Years 讲述一个警察和他朋友相约在 20 年后见面的故事。警察发现他朋友是个罪犯,经过自己内心艰难选择后,通知其他警察逮住了他朋友。文学作品讲述了人在面临友谊和职责时的艰难选择,也讲述在奋发有为和安逸舒适生活中的选择,文学作品讴歌了积极和奋发有为等精神。

Jake Drake：Teacher's Pet 讲述了 Jake Drake 因为经常被老师表扬而成为同学冷嘲热讽的对象。在同伴压力之下,他想尽一切办法,最后通过和同学、老师的沟通得到同学和老师的理解和喜欢。

The Suitcase 讲述美国少年 Xander 在同学和父亲的帮助之下克服对篮球运动的恐惧,经过自己认真训练,最后成为一名优秀的篮球运动员的故事。他发挥自己的绘画特长为学校赢得了荣誉。他经过努力克服了自卑,走出了心理阴影,在篮球和绘画方面的才能得到同学和学校的认可和表扬。

The Washwoman 的主人公是一个自强不息、自立、有责任心但生活艰苦的 70 岁犹太洗衣女工。作者以第一人称视角描述了女工优秀的品质和艰难的生活经历。文学作品通过"我"母亲对女工的帮助、大雪纷飞等场景的描写凸显人物性格、女工艰难的生活、女工儿子的冷漠以及旁人的同情和关爱。文本中使用大量的排比、对比、隐喻手法,帮助读者体会了文学作品对人情感产生的巨大冲击。

The Avalon Ballroom 讲述了一个丧父少女为了追随从未谋面的父亲的脚步考入普林斯顿大学,却不得不努力打工挣学费的故事。母亲没钱,祖母也因心怀顾忌不愿出钱,少女就只能打多份工。最终,在少女走投无路、山穷水尽之时,母亲变卖了父亲遗物,凑齐了学费。文中少女性格很令人欣赏。她是单亲家庭的孩子,却不自暴自弃;她生活贫困,却不怨天尤人;她勤工俭学,却不妄自菲薄。尽管有一个家境富裕的朋友,她也没有忌妒,而是希望通过自己的努

力实现梦想。文章中祖母生活在失去儿子的痛苦之中,她不关心少女的成长。文学作品中母亲忍辱负重,含辛茹苦帮助"我"成长,文学作品讴歌母爱的伟大和贫穷对人成长的影响。

The Pill Factory 讲述了一个女孩打工时发生的事情。文学作品描述了在工业革命时期底层人民的艰难生活水平。女主角 Meredith 聪明、随和且自立自强,这与柔弱的 Violet 形成对比。Meredith 自尊自强,工作踏实能干,性格也比较随和。Violet 个性同样也很随和,但却过于柔弱,过于依赖,从而不能很好地适应这个社会。最后,她放弃了职业,而 Meredith 出于种种原因不敢放弃。从 Meredith 的角度看,Violet 是勇敢的。Meredith 之所以不敢放弃,是因为她碍于面子,努力想讨好 Barbara 和 Polly。而 Violet 之所以果断辞职,就是因为别人对她不重视。她对别人也持有一种无所谓的态度。Polly 和 Barbara 同 Meredith 形成了鲜明对比。他们生活在社会底层,没文化,没学历,没背景,精神生活和物质生活都较贫乏,处事也相对简单粗暴。

Mr. Know-It-All 主要讲述了一个外号为"百事通"的人在轮船上,为一根项链真假与人打赌的故事。其实"百事通"知道项链是真,但为了那个女人的幸福而没有说出真相,自愿认输。全文以第一人称视角叙述这篇小说,这使文章内容更真实和生动。文章埋下了大量伏笔,给足了读者想象空间,让人回味无穷。文章主要通过 Mr. Ramsay 和 Mrs. Ramsay 的性格对比,以及 Mr. Ramsay 和"百事通"先生的性格对比,塑造了一个争强好胜、不关心妻子、不细心、不谦虚的人物形象,作者不言喜恶却自带褒贬。同时还通过"我"对"百事通"情感的前后对比,呈现了一个一开始并不讨人喜欢,却热心、喜欢交际并且善解人意的"百事通"形象。

The Discus Thrower 以医生视角叙述了医生在医院和接受治疗的一个病人的交流过程。其中一个冲突是这个双目失明并且失去了双腿,病情十分严重的病人的一系列奇怪举动和要求。他询问时间、想让医生带给他一双鞋、往墙上扔盘子、成功听到自己想听的声音后大笑等场景,引人思考。文章题目用了一个雕塑的名字,他与这雕塑人物形成对比和互文,这是一个关键亮点。雕塑体现人肌肉曲线,是一种运动美,是人体力量的展示,而这位病人已经没有了完整躯体,他遭受着病痛折磨,更无法像正常人一样行动。可是,他坚强、勇敢、有个性,他内心对生命、对运动、对生活有渴求,他展示自己还拥有快乐的"能力",他依旧乐观。文学作品讴歌人性坚强,对生命存在极度渴望,文本细腻的心理

描写能够帮助学生理解和尊重生命的价值和意义,培养学生坚强和积极向上的人生态度。

A Piece of Yellow Soap 讲述了一名洗衣工的艰难生活。她常年含辛茹苦地劳作,工资微薄,难以维持自己的生活。她多次躲避交牛奶费,也许是因为她吝啬,但更多是因为生活贫困。作者多次惟妙惟肖地描写一块黄色肥皂,这突出了作品的多重意义。

Riding up to Ruby's 主要讲述了 Rob 帮助 Ruby 做家务获得报酬的故事。Ruby 是一个 80 岁的老人,独自住在路尽头。Rob 虽然家中不富裕,但是他生活得很快乐。Ruby 则相反,她的孩子远在他乡,她已是耄耋之年,却还要自己生活。她不仅有身体上的不便,还有心灵上的孤寂。文本突出了陪伴和关爱在人生中的价值。

He Ran Because He Loved to Run 共有 8 章 5 214 词,讲述了两个非洲肯尼亚孩子因为喜欢跑步,在老师指引、乡亲资助、教练指导和刻苦训练下终于从小村庄跑向城市,克服重重困难,最后实现自己的梦想——成为奥运会冠军的故事。这篇文章不但可以为学生提供地道的语言输入,还有利于培养学生吃苦耐劳、为梦想而奋斗和知恩图报的精神。基于文本,教师可在提高学生英语语言能力的育才过程中开展育人教育。

Freedom Crossing 共有 17 章(160 页),讲述主人公 Laura 在母亲逝世后去南方生活了 4 年,再次回到自己的家乡帮助了一名黑人奴隶的故事。她知道父亲和哥哥帮助黑人奴隶逃跑到加拿大,她也知道帮助黑人奴隶逃跑属于违法行为,但在了解 Martin 的悲惨命运后,Laura 经过再三考虑,决定亲自帮助 Martin 逃到加拿大。

第三节　英语文学阅读的方法

笔者建设文学阅读课程和选择教材后开展英语文学阅读教学,通过多途径和各种方法获得学生丰富的读者反应。

一、文学阅读教学方法

笔者(教师)首先给学生讲解文学阅读的目的、意义、教学程序和方法,再开始探索性教学。

文学阅读包括阅读的课前、课中和课后活动，也包括个体、小组和全班活动。

学生在以下活动中开展学习：在问题链的引导下体验文本，开展小组讨论和分享文学体验；小组代表总结小组内容后进行汇报，和同学分享体验；教师和其他小组的学生评价汇报小组的汇报；其他师生教学互动；应用所学到的知识反思生活和解决生活中的问题。

学生在课前完成以下任务：阅读小说后清除文学作品中的难单词和难句子；了解文学作品梗概；使用英语回答阅读理解问题；完成文学作品内容的整体理解，重点感知语言内容；使用汉语写作第一次读者反应日志。

笔者在每周星期五晚上收集学生阅读理解的答案和读者反应后进行批改，了解学生理解文学作品的情况和学生的读者反应，及时调整教学计划和做好教学准备。

学生在课中完成以下任务：6～8名学生为一组进行文学讨论；学生在课堂中交流彼此的第一次读者反应，互相学习，分享信息；学习小组在任务的驱动下开展文学圈活动、交流理解内容、合作解决语言知识难点；小组内分享信息，形成小组意见，小组代表在课堂汇报小组意见。

笔者一边倾听学生的交流，一边及时给学生帮助。学生完成学习以后，每组选择1名学生汇报本组的读者反应，其他同学认真倾听和记录汇报内容。学生汇报结束以后，笔者进行评价和总结，然后指出学生一些不忠实于文学作品的解读，最后及时表扬和鼓励学生。

文学阅读教学必须包括对文学作品阅读的反馈。反馈的方式包括语言回答（英语和汉语）和非语言回答（绘画、思维导图等），以及个体回答和非个体回答。因为反馈时间短，学生表达可能不清楚，教师需要使用澄清技巧和询问技巧帮助学生讲清表达不清楚的地方。反馈是学生面向同学进行的交流，学生的反馈在任务的驱动下开展，学生或者教师要对学生的反馈进行评价。但是学生在反馈时可以使用母语，因为学生的英语能力可能还没有发展到使用英语自如表达自己观点的水平。

笔者回答学生不懂的问题，也可以要求学生回答文学作品中的问题，最后笔者和学生进行课堂教学互动，笔者讲述文学作品中的主要内容、冲突、文学知识、阅读方法，开展文学作品的深度解读。教师在具体语境中教授文学知识、文化知识、语言篇章学知识、阅读策略和语言知识。

　　课后活动包括学生读后创作、师生访谈、笔者书写对话日志和学生写作第二次读者反应。学生在课后写作第二次读者反应,主要写作在课堂教学以后的收获,这必须有别于第一次读者反应。笔者在每个星期二晚上收集学生第二次读者反应,并对学生写作的读者反应进行批改。文学阅读结束时,笔者对参加文学阅读的学生进行了问卷调查和小组集体访谈,要求学生书写课程汇报,并对 5 名学生进行深度访谈。教师使用汉语访谈学生,因为学生英语能力有限,笔者为了解学生的真实反应,使用汉语提问和讨论。Long(2000)指出,如果教师和学生拥有同样的语言,没有绝对理由要求讨论一定使用英语,可使用母语提问和讨论。

二、文学阅读教学和读者反应的关系

　　本次文学阅读教学的理论是读者反应理论,为了加强英语课程教学的管理和实现文学阅读目标,笔者采纳"整进"和"整出"的方法开展阅读教学。"整进"指学生在整体把握文本客观内容的基础上理解文本,这是客观解读文本的方法(Langer,2011)。"整出"指教师引导学生能够通过读者反应把从文本中获得的内容和自己的生活建立联系,内化为自己的体验,形成丰富的读者反应,这是主观解读文学文本的方法(Langer,2011)。笔者在教学过程中基于读者反应理论多维度的教学目标和评价目标,帮助学生理解文学作品,达到教学目的。

第四节　英语文学阅读的教学互动

　　笔者通过设计一系列任务,帮助学生在完成任务的过程中提高阅读理解文学作品的能力和表达自己理解文本后的读者反应的能力。学生在完成文学讨论以后,开展了小组读者反应汇报。然后,师生开展互动教学。下面,笔者从学生阅读的文学作品中随机选择文学作品 *Jake Drake：Teacher's Pet* 呈现师生课堂教学互动。

一、学生小组汇报

1. 第一小组

学生MSZ:这是一本很好的书,书中以一个四年级小孩的经历来叙述他一次次无意识的帮助行为受到了校长和无数老师的喜欢,但这给他带来了许多烦恼。首先,从学生的角度来看,这个现象是很常见的。优秀学生受到排斥孤立,使他特别不想成为老师喜欢的学生,其实这是因为其他学生的忌妒心理。他们也渴望像Jake一样被老师宠爱,看到被宠爱的学生不是自己,而是Jake时,自己会产生不满与忌妒,他们反感Jake故意的讨好行为,误解了Jake,才会发生这一幕幕的恶作剧。对Jake来说,他不是一个品德很好的学生,但他因为一次次无意识的举动得到了宠爱,甚至最后做了坏学生,也被老师喜欢。其实他做坏事情,是因为连续三天被同学孤立,产生一种病态心理,目的是证明自己不是老师的"宠物"。他应该找到正确方法,而不是一味做坏事。这给我们启示:潇洒做自己,不要被别人的眼光所拘束。

笔者:The student did a lot of good things. The teachers praised the student too much. This made a lot of students isolate and laugh at the boy. I think what the teachers have done is not right. Teachers should understand the truth and then praise the students based on the facts.

学生MSZ:还有一点,我们就应该打破常规。文中他们做坏事,想爬绳子,在绳子上荡,其他同学都不敢做,Jake得到了老师的表扬,老师表扬的不是他的行为,而是他的精神。

笔者:We must have the creative ideas. Sometimes what the teachers have done is right, but sometimes what they have done is wrong.

学生MSZ:做事不要太主观,要客观看待。比如这个校长实际上没有看到事件的整个过程就做出判断。办事要客观,不能太主观。

笔者:Don't judge a person by his/her appearance.

学生MSZ:我们应该说出事实,事实是Jake无意识做了这些事,他不是故意去讨好这些老师的,如果他最后不和老师说清楚这件事情,在学校他会被孤立,他最后勇敢去找校长,说出这一切,才能解决这个问题。

笔者:We should be good communicators if there is any trouble. We must communicate with others, especially with parents, teachers, and good friends.

学生 MSZ:我们要用明智的方法去解决问题,最后校长假装批评 Jake,让同学都知道,他并不是一个老师的"宠物"。

笔者:We must be wise when solving problems like Mr. Know-It-All.

学生 MSZ:老师应该公平对待每个学生,关心学生的内心想法。

教师:Teachers should treat students fairly.

2. 第二小组

学生 MPH:我们组讨论认为,第一点,人与人之间的交流有时非常重要。当我们有困难时,应该主动向外界寻求帮助。我们可以向老师、家长、朋友寻求帮助,Jake 如果和同学说心理感受,向他们解释自己并不想成为老师的"宠物",那他的同学就可以理解他,他的问题会得到解决。

笔者:Jake can tell his classmates that what he has done isn't intentional. Teachers misunderstands what he has done. If Jake explains, the students can forgive and understand him, and the trouble can be solved easily.

学生 MPH:第二点,要平等对待每一个人,不能有偏见。文中说Jake 去爬绳,却被表扬有突破精神。他同学去爬绳子,老师认为是错误的,但是他去爬绳子,老师却认为这是一种好行为,这种区别对待学生的方法使那孩子和同学关系更加紧张。

笔者:Every coin has two sides. Different people have different ideas on the same things. Teachers should treat everyone equally.

学生 MPH:第三点,第一印象特别重要。比如,男孩子到画室洗画笔时,他帮助老师解决电脑问题,这给老师心中留下了美好的印象。以至于到最后,他故意做了一系列坏行为,但是老师还是认为他的行为是好的。

笔者:The first impression is very important in our daily lives. We must judge others by the truth. But most teachers make this kind of mistake in their careers.

学生 MPH:第四点,老师的教育方式和教育理念很重要。如果老师引导学生积极好学、追求优秀,学生就不会认为这男孩子很虚假,不会对他这样过分。

笔者:The lazy students laugh at the hard-working students. If you are in trouble, what should you do?

所有学生：我们应该努力提升自己去追赶别人。

笔者：We should learn from others. If others are better than us, we must try our best to catch up with them and become even better. We should not envy others and laugh at others.

3. 第三小组

学生 LMZ：第一，这些学生有许多方面的不足。老师在许多方面也做得不是特别好，因此老师才想找一个榜样来引领学生，使学生变优秀。在老师心目中，这个榜样是谁并不是很重要。所以，不应该批评老师不公平，老师也想通过这种方式来引领学生发展。

笔者：The teachers should set good examples for students. They want to help students make progress in the psychological and academic development.

学生 LMZ：第二，学生对优秀的态度是忌妒和不满，这不利于形成好的学习环境。

笔者：We must respect the good students and the excellent people. If we have this quality, we can create a good environment for our psychological and academic development.

学生 LMZ：第三，老师不应该从学生的一个方面或者一个小的事情判断学生的好坏，应该就事论事，不应该就事论人。

笔者：We should not judge or comment on others by their past. We should judge others by their present performance.

学生 LMZ：第四，内心应该强大一些，不要太在乎别人的看法。

笔者：Don't care too much about others' opinions. You must stick to your dreams.

学生 LMZ：第五，老师和学生的关系问题。从文章中可以看出老师和学生关系很远。学生特别害怕老师，老师和学生的关系问题在不同时段是不同的，文中故事发生在小学，老师和学生没有平等对话。但是，随着年龄变化，从初中到高中，师生关系会发生一些变化，他们会更加平等和朋友化。我们小时候和老师的关系是一种相互促进、相互帮助的关系。

笔者：The relationships between teachers and students are changeable. When we are very young, we are afraid of our teachers. I have the same feeling. When I was young, I was scared of my teachers. But when I grew up, we became good friends. Three teachers influenced me and helped me a lot. Dr. Ling sent all the experimental materials from America and has helped me a lot over the past 25 years. Professor Chen and Professor Zou, who were my tutors, helped me a lot too.

二、分析和结论

为了完成教学,笔者使用了以下影响任务互动过程效率的方法。

第一,学生使用第一语言汇报读者反应。笔者通过前期试测发现学生很难成功地使用英语精确地表达他们在阅读英语文学作品时形成的丰富的读者反应。但是当他们使用第一语言时,他们能够成功表达自己的观点,并形成积极的读者反应。这种方法在检测学生理解文本时是科学的,因为如果教师和学习者拥有同样的语言,没有绝对理由要求讨论一定使用英语,可以使用母语提问和讨论(Long,2000)。因此在本探索性研究中,学生在写作读者反应日志、进行小组讨论、接受单独采访时都使用母语(汉语)表达自己的观点,这样做的目的是帮助他们更好地表达自己丰富的思想。

第二,开展合作性学习。合作性学习在任务型学习过程中的价值很大。在合作学习过程中,学生可能会过度使用第一语言,忽视任务完成的语言模式,更加严重的是,在这种情况下,学生容易出现洋泾浜英语和中介语石化的现象(Ellis,2003)。解决问题的方法是合作学习,让学习成绩好和成绩差的学生共同学习,提高互动质量。任务型教学任务应该与学生生活和文学作品相关,符合学生语言水平。使用任务型教学方法能改变"一言堂"之类的以教师为中心的教学方法,也可改变学生忽视运用语言完成学习任务的习惯。

第三,采纳有利于意义表达的方法帮助学生。有利于意义表达的4个因素是理解检查、确认、重塑和澄清请求(Ellis,2003)。减少策略和成就策略会影响意义的表达(Ellis,2003)。减少策略指学习者放弃一个话题或者放弃一些特殊信息(Ellis,2003)。成就策略指学习者为了达到交流目的和弥补交流缺陷而采取的策略,它包括以下方法:采纳近义词的解释方法、采纳单词解释意义的方法、创造单词的方法、利用第一语言等(Ellis,2003)。

在本次师生课堂教学互动中,笔者通过对学生的话语进行重述、概括、总结和补充来辅助教学。尽管在本次英语文学阅读教学过程中笔者要求学生使用母语表达自己阅读英语文学作品时形成的丰富思想,但是大量使用母语(汉语)

对学习者学习英语是不利的。因此笔者首先请学生汇报他们的读者反应,学生汇报以后,笔者及时使用英语进行重述、概括和总结。

笔者围绕双向任务信息差、开放任务和学生特别熟悉的话题开展教学,使用英语及时提供支持和反馈,检查学生的发言是否能够被其他同学理解。这不但支持了学生显性的文学学习,反馈了教学,丰富了学生的交流,也为学生的讨论提供了隐性支持(Langer,2011)。

第五节　英语文学阅读的课程评价

笔者在建设高中英语文学阅读课程后通过观察、访谈、问卷调查等方法收集各方面的信息开展课程评价,包括笔者、学生和"守门员"(学生的英语科任教师、班主任和学校管理者)对课程的评价。"守门员"和学生对课程建设和实施的态度在一定程度上反映了他们对课程的评价。

一、"守门员"的态度

高中英语文学阅读要想成功开展必须经过"守门员"的同意,因为"守门员"具有一定权威性,可以决定被抽样的人员是否可以参加研究(陈向明,2000)。高中英语文学阅读要得到参加文学阅读学生的英语科任教师、班主任、学校管理者等"守门员"的同意。

(一)英语科任教师的态度

参加本次文学阅读的学生来自 6 个自然班级,他们的英语科任教师特别支持学生阅读英语文学作品。这些教师毕业于四川师范大学、西华师范大学等师范院校。他们在大学时代学习过英语文学课程,知道阅读英语文学作品对学生英语语言学习的价值,因此特别支持文学阅读。但是随着文学阅读的开展,学生阅读量和作业量增大,学生有时候感到没有时间完成学校的英语作业。每次遇到这种情况,这些英语老师主动地把时间留给参加文学阅读的学生来完成文学阅读作业,免了学生当天的英语作业,在班主任要求参加文学阅读的学生必须完成当天英语作业、放弃文学阅读作业时,他们挺身而出,要求学生只完成文学阅读作业,教会学生要懂得取舍,学会平衡自己的当前学习和未来成长的关系。例如笔者在深度采访学生 MPH 时,她这样说:"我们感觉英语老师非常理解这个课程的价值和意义。首先她支持我们,中间她认为文学阅读有一点打扰我们的学习,就要求我们自己权衡。比如上次放假,她甚至要求我们不做她的英语作业来做这个文学阅读的作业。"

(二) 班主任的态度

在中学教学和管理过程中,班主任对学生的学习和成长起到重要的帮助作用。他们对文学阅读课程表现出多元的态度。

参加本次文学阅读的学生的 6 位班主任中有一位高二英语教师和一位高三数学教师,他们一如既往地支持文学阅读。

两位普通班的班主任,他们尊重学生参加文学阅读的选择,因为班上只有 2~3 名学生参加文学阅读,但是前提条件是不允许文学阅读影响学生各科的学习。

一位理科清华班的班主任反对班上唯一的学生参加英语文学阅读,他认为理科清华班学生的学习重点是理科,英语高考试题比较简单,英语不是影响学生是否能够考入重点大学的决定性学科。

一位文科北大班的班主任为了帮助她班上的学生学习英语,在文学阅读开始时主动征求家长意见,支持学生参加文学阅读。但是随着文学阅读的开展,学生阅读量和作业量增大,学生有时候感到没有时间完成学校英语作业,每次遇到这种情况,英语老师主动地把时间留给参加文学阅读的学生来完成文学阅读作业,免去了学生当天的英语作业。但是,当她发现学生阅读英语文学作品并没有取得立竿见影的效果时,她支持学生退出文学阅读,要求提前结束文学阅读。其实她的行为可以理解,班主任要协调高考 6 门科目的学习,帮助学生在考试中整体考高分。班主任是学生学习和生活的第一负责人和学生"育分"的领航人和监督者。

(三) 学校管理者的态度

当学校领导知道笔者将在学校开展英语文学作品阅读教学时,分管教学和德育的两位副校长特别支持。他们认为这门课程有意义和价值,可以培养学生的阅读能力,提高学生的英语学习成就感和帮助学生的人生成长。同时,他们想在不久的未来学校能够成功地开展英语文学阅读,因此积极支持英语文学阅读,协调教室、设备、学生、班主任、科任教师等方面的关系。

二、学生的态度

参加阅读的学生对课程评价的态度是一元和多元统一。一元态度指学生认为参加文学阅读的目的是帮助自己在考试中考高分。多元态度指学生对文学阅读呈现积极型、波折型、放弃型等多元态度。

积极型的学生从文学阅读开始到结束都热情高涨地参与文学阅读,认真完成学习任务,积极参与讨论,克服学习困难,争分夺秒地参加文学阅读。学生平衡好学校学习任务和文学阅读任务,在文学阅读过程中体会阅读的乐趣。例如参加文学阅读的学生 LY 在课程结束后接受笔者的采访时这样评价本次文学阅读课:"文学阅读课给我很多快乐,提升了我的阅读兴趣,增加了我的英语知识和生活知识,改变了我任性、不体贴人、懒惰的性格,教会我一些处理事情和人际关系的方法。我现在开始注意到一些生活中的问题,比如人际关系的处理问题、与家人矛盾的处理问题,因为我从文学作品中获取了一些过去没有体验过的内容,发现了过去一些做错的行为,悟到了一些方法。从这门课中尽管我学习到的语言知识少一些,但是我获得了比平常英语课中更多的为人处世的方法。我了解了更多的文学作品学习方式,我发现文学阅读课堂和传统课堂不一样,老师的文学课能帮我们释放学习的压力,在讨论的氛围中,我们比较快乐和高效地学习了新知识。"

波折型的学生在文学阅读过程中发生了从对文学阅读感到高兴、兴奋、好奇到积极阅读文学作品、完成阅读理解练习、开展英语文学讨论的转变,因为学生认为这些活动对自己的英语学习有帮助,能够帮助自己成长和收获学习成就感。但是这部分学生不想完成读者反应等任务,认为这对他们高考英语考高分没有直接帮助,学生拒绝写作第一次和第二次读者反应。经过笔者的讲解,学生明白了参加文学阅读和写作读者反应的价值,才认真书写读者反应日志,完成学习任务,最后成为克服学习困难和争分夺秒的学习者。例如在文学阅读开始时,一些英语考试成绩最优秀的学生,如学生 DH(2019 年高考考入清华大学)、学生 MPH(2019 年高考考入北京大学)等 6 人不认真完成文学阅读教师布置的作业,尤其不写作读者反应作业。在文学阅读结束时学生 DH 说道:"……我想想开始时不想写作业的事情,真是太愚蠢了,多亏看到了老师发的外国人写读者反应对文学阅读有益处的文章,文学阅读不但可以帮助我的英语学习,还可以丰富我的人生经历和帮助我的人生成长。"

　　放弃型的学生认为阅读高中英语文学作品对他们的学习不能够起到立竿见影地考高分的作用。同时，因为他们学习时间紧张，"育分"的功利性很强，10名学生在试听了一到两节课后退出文学阅读，2名学生中途选择退出了文学阅读。笔者在采访学生LX时，问她问什么不想参加文学阅读课程学习，她回答道："我发现我学习时间来不及，学校每天布置作业太多，我只能够在下了晚自习和中午休息时，抽出时间来阅读文学作品，我发现这会影响我休息和全体科目的学习。我也发现本文学阅读的题目和我们的高考试题不一样，这可能对我提高英语分数的帮助不会特别大。"

第六章　学生获得的主要学习成就感

　　笔者在本章将通过分析学生在阅读英语文学作品时获得的丰富读者反应探讨学生获得的主要学习成就感,这回答了本书的三个研究问题之一:学生在阅读英语文学作品后获得了什么样的主要学习成就感?

　　教师在引导学生基于读者反应理论开展英语文学作品阅读的过程中应该从情感、态度、审美和文化角度入手,激发学生潜在的审美期待,实现读者和文本、读者和作者的"视野融合"(郭金秀,2011)。学生在大量阅读英语文学作品后获得了成长,形成了积极的阅读态度,获得了文学能力要素,形成了国际理解和跨文化能力,获得了多元成就感。

　　在第一节,笔者依照布卢姆[①]的情感领域目标和卡拉特(2008)提出的情绪认知、行动和体验目标进行分析。研究发现阅读文学作品在一定程度上有助于学生形成积极的情感和正确的价值观,进而促进他们的健康成长。

　　在第二节,笔者发现大量文学阅读使学生产生了积极的阅读态度,引发了大部分学生从阅读到"悦读"的嬗变,同时笔者分析了学生产生变化的原因。

　　在第三节,笔者展示学生在阅读、写作、讨论等活动中获得的文学能力要素。

　　在第四节,笔者呈现了学生在解读西方英语文学作品中承载的价值观时的收获,学生获得了一定的国际理解能力和跨文化交际能力。

　　在第五节,笔者展示了学生从功利性"育分"阅读到收获多元成就感和"悦读"的嬗变,也展示了学生在阅读文学作品的过程中如何形成快乐的阅读品质。

---

① 也有学者将其译作"布鲁姆"。

第一节 获得了情感和价值观要素

一、文学的价值

文学超越事物本身,它寻找全新性和多样性角度看待事物(Warnock,1976),文学帮助我们创造新联系、新选择和可能性,理解文本表层含义(作者表达的内容)和不易发现的任务(作者想表达的意义),体会情景中的深刻内涵(读者所理解的意义);文学帮助读者思考和认识文学作品和生活中的事情所承载的道理,塑造有思想的读者(Langer,2011)。读者在阅读文学作品的一系列活动和多回合的讨论过程中发展认知并获得对自我和生活的理解(Langer,2011),启迪现在和未来的生活,培养批判性思考能力和创造力。

同时,文学作品是想象文学,读者在感受和体验中与文本互动,后引出行动(艾德勒、范多伦,2014),因此阅读文学作品可以为学生未来生活和行动做准备,帮助学生积极成长(Langer,2011)。从教育角度看,人与自我的关系涉及人内心的成长问题(李静纯,2017)。

情绪包含三个成分:认知、行动和体验(卡拉特,2008)。情绪共享是情绪的体验过程之一,而情绪认知首先是对外界刺激的一种随机的感性认识。教育者一定要把随机感性认知上升到理性认知的层面。学生在欣赏英语文学作品的过程中存在以下两类情绪的理性认知:对作品中的人物情绪的认知和对自身情绪反应的认知。后者具有"映射"的效应,它是由自己到别人和由别人到自己的双向认知过程,这拓宽学生心理感受视野,增强学生对自我情绪的理性辨认与区分能力,提升学生情绪认知水平,使学生形成一定的价值观,从而影响学生行为。

心理学家米德(2008)认为自我发展是基于语言的,学生在阅读英语文学作品时获得的成就感应该与语言教育直接相关,所以应该研究学生在阅读英语文学作品时由语言表达的读者反应。

二、教育目标和文学教育目标

教育目标包括认知(cognition)、情感(feeling)和动作技能或者意动

(conation)3 个内容；它们也可概括为思（thinking）、意（willing）和行（action）。如果学生获得了一定的认知目标，适当的情感行为也会相应地积极和消极发展（克拉斯沃尔、布卢姆等，1989）。研究证明了认知目标可以作为情感目的手段，情感目标也可以作为认知目的手段，同时实现认知目的与情感目的（克拉斯沃尔、布卢姆等，1989）。研究证明学生积极和消极情感行为的发展会因为给学生提供适当的学习经验而变化（Jacob，1957），因此笔者通过引导学生阅读一定量的英语文学作品，在发展学生认知目标的过程中观察学生的情感目标——兴趣、态度、价值观、欣赏和适应性（5 个目标，它们由低到高，可以形成情感连续体，最后内化，影响学生行为和人生观）是否也得到了发展（克拉斯沃尔、布卢姆等，1989）。克拉斯沃尔、布卢姆等人认为，兴趣包括学生觉察特定现象后做出积极反应，并积极寻找这种现象和全神贯注于这种行为，也包括积极感受和完全沉醉于这种现象；态度包括学生参与程度和信奉，分为默认反应、愿意反应、满意反应、信奉和想办法与别人交流信奉 5 个层次；价值观包括接受、偏好、信奉和内化价值观 4 个层次；欣赏指一个人感受和观察某种现象，体验到一种快乐的感觉；适应性的核心定义指一个人的一个方面和另外一个方面的相互关系，也可以指一个人对人生的整体看法（克拉斯沃尔、布卢姆等，1989）。

文学教育目标的基本要素包括以下三个方面：情感和价值观要素、能力要素和知识要素（王泉根、赵静等，2006）。情感和价值观要素是指学生喜欢阅读文学作品，形成良好的阅读习惯，学生在阅读过程中价值观产生一定变化，加深对他人和全体文化的理解，丰富人生经历和培养审美价值观等；能力要素包括文学的阅读表现技能和学生的文学能力，例如分析文学作品的能力、想象能力、欣赏能力、创造能力等；知识要素指学习文学史知识、作家和作品知识，以及文学理论知识。本书只涉及部分文学理论知识。

三、阅读英语文学作品帮助了学生积极成长

学习成就感是学生在学习活动中体验到的成功和自我价值（Weiner，1994）。在本书中，学生学习成就感指学生在学习过程中获得的英语学习成就感和人生感悟，这些成就感帮助了学生成长。在本书中，成长被定义为个体在心理层面上的一种积极向上的变化，或者说学生阅读英语文学作品后在心理层面上发生的积极向上的变化。

笔者选择文学作品进行教学后，使用扎根理论分析和编码收集到的海量语

料,通过三角论证,发现在多维度问题链的引导下,学生在阅读英语文学作品的过程中情感、态度和价值观发生了一些变化,这在一定程度上利于学生成长。在本节,笔者将从语料的三级编码、学生读者反应、师生深度访谈、小组焦点访谈和问卷调查 5 个部分汇报该发现。

(一) 三级编码

笔者初级编码学生 60 多万字的全部语料。两位英语教育专业博士进行背靠背三次编码,如有分歧,进行协商。如还有分歧,则请教两位英语博士研究生导师。笔者通过计算机工具 ATLSAS. ti7.0 对 30 名学生的全部语料进行统计和分析,形成词频查询聚类图。

全部学生的全部读者反应中出现频率最高的 9 个词如图 6.1 所示,字体越大表示出现频率越高。

学会取舍　多元价值观　自立自强　积极向上　面向未来　善良　换位思考　感恩　责任

图 6.1　全部学生的全部读者反应中出现频率最高的 9 个词

笔者初级编码学生的读者反应,以学生读者反应中出现频率最高的 9 个词为例进行编码解释。本研究发现学生阅读英语文学作品并进行文学讨论后,能够深入理解文学作品中角色的行为,认为作品中的角色和自己在现在和未来应该这样生活:过一种负责任、有担当和知感恩的生活;应该自立自强,积极向上,面向未来,不沉溺于过去,努力拼搏,靠实力和知识改变自己的未来,更好地回报家人的养育之恩;应该使用换位思考和多元思考的方式欣赏文学作品和思考自己的人生;应该学会选择,懂得取舍和科学面对人生冲突。

初级编码结论:学生阅读英语文学作品并进行文学讨论后意识到了文学作品中角色行为的对和错,并反思了自己过去和现在的生活,这在一定程度上进一步启发了他们对现在和未来生活的思考。

笔者对初级编码语料再进行中级编码,得出结论:学生在阅读英语文学作品后获得了一些价值观要素,心理逐渐成熟,改变了一些思想和行为方式,也就是说,英语文学作品阅读教学在一定程度上帮助了学生积极成长。

笔者进行高级编码后,得出如下结论:学生阅读文学作品后发生了一些积极向上的变化,这在一定程度上帮助了学生积极成长。

(二) 学生第二次读者反应

为了寻找充分证据证明观点,笔者分析学生第二次读者反应的语料,开展三角论证。例子如下:

例1:学生 ZXY 的第二次读者反应

上一次阅读 *The Golden Touch* 时,我只关注了亲情、珍惜美好生活等方面的内容,而忽视了其他东西,例如玫瑰和小草可以代指生活中其他所有微小事物,它们不是没有用,它们都有自己的价值,应该欣赏和尊重它们,为我们的生活增添一抹色彩。

通过文学圈的讨论、聆听各小组汇报、与老师进行互动,我有以下新收获:世界是一个多元世界,我们不能强制和主观地将世界变成一个单一世界,这是无趣的,可能会发生国王遇到的那种灾难。如果我们每个人的价值观和世界观都是一样的,那么对一件事的看法就会相同,就不会有思想上的碰撞,生活就会十分枯燥。所以我们需要多元世界和使用不同的方法和视角看待世界,尊重世界和思想的多样性,保持良好的心态,保护生态和人文环境的百花齐放和百家争鸣。

学生 ZXY 接受了多元价值观,她信奉多元世界观,这符合布卢姆情感领域的价值接受和对某一价值的偏好——不但接受某一种价值观,而且还努力追求这一价值观(克拉斯沃尔、布卢姆等,1989)。

例2:LHM 的第二次读者反应

通过阅读充满积极和正能量的文学作品,我学到很多东西,得到大量鼓励,这些精神潜移默化地影响我待人处世的方式。现在我和别人发生冲突时,能够做到更加冷静和理智地思考和处理冲突。当自己和朋友遇到文学作品中相同的矛盾时,或者是一些近似的矛盾时,我知道怎样及时地向他们提出好建议。

学生 LHM 已经形成了布卢姆提出的价值的概念化的情感目标,因为她能够把学习到的价值观和自己已有的价值观进行联系(克拉斯沃尔、布卢姆等,1989),不断优化自己现在的行为。

(三) 师生深度访谈

笔者分析师生深度访谈的语料,开展三角论证,例子如下:

例1:笔者和学生 CDY 的访谈内容

笔者:阅读英语文学作品对你成长有什么帮助?

学生CDY:在很多时候很可能作者在某件事上吃过亏,他看到和经历了之后才写出这样的文学作品,然后这对他有一种警醒作用。有些事我们没有做,我们看了文学作品中的角色做过,知道这个后果是很不好的,或知道有哪些可怕后果,我们就不会做这些事情了。这就是一种警醒作用。也就是通过体验文学作品,明白什么是好的事情,什么是坏的事情,知道在今后该做什么,不该做什么,我们应该形成一种健康的心理与心态对待人、事、社会和自我。

笔者:你了解影响青少年内化和外化问题的预测因素吗?

学生CDY:我知道,它们包括家庭环境、社区环境、人际关系等多个方面,如低的社会经济地位、不良亲子关系、家境逆境、青少年抑郁、父母离异、紧张的师生关系和同伴关系等。因为这些内外化矛盾预测因素包括了青少年会遇到的一些问题,如果我们今后遇到这样的问题,就不会不知道怎么办,不会采用极端方式,也不会自暴自弃,心理上会有一些正确对策。

笔者:你能给一个例子吗?

学生CDY:同伴关系。在作品 *Jake Drake*：*Teacher's Pet* 中,同学们忌妒好学生,这给主人公造成很大困扰,其实我们在生活中多少也会遇到这种情况。我们会忌妒好学生,看了文学作品后,我知道了不应该这样做,因为这样做太过分。我现在反思自己的行为后发现自己或多或少也有这种忌妒行为。因此,我们要看到别人好的方面,这些赞美是他自己应得的。如果要得到别人的赞美,就要自己努力。一天到晚抱怨别人不好,没有任何用处和好处。

学生CDY通过阅读英语文学作品意识到了一些不好的行为,开始反思自己不好的行为,并思考自己未来的行为。

例2:笔者和学生LY的访谈内容

笔者:阅读英语文学作品给你带来了什么样的人生思考?

学生LY:这使我反思我过去的行为,想到我和我家人的关系。前段时间我发现自己好叛逆,我在家和爷爷奶奶说话时,经常嗓门就突然变大,刚讲两三句话,就起争执,我们间的关系就冷淡半天。现在我看了文章,意识到同龄的国外青少年的家庭中也会碰到这样的问题。

通过阅读文学作品,我发现自己真是误解了父母、爷爷和奶奶。亲人对我们是有爱的,只不过是没有说出来,我们不应该冷淡地对待他们。我现在遇到事情时会多想一点,不会那么冲动,我会反思和换位思考。我们读了那么多文学作品,里面有很多可以引导我们形成正确的世界观、人生观和价值观的例子,我应该以乐观和平和的心态面对和处理一些矛盾。

笔者:请举个例子。

学生 LY:我已改掉过去放假不回家的习惯,现在每次放假,我会回家看父母和爷爷奶奶。同时,我还主动帮助他们干活,我认为我自己也是家庭成员,我应该做我自己力所能及的事情来建设和谐家庭,不那么任性和调皮了。

学生 LY 阅读英语文学作品后,意识到了一些不好的行为,开始反思自己不好的行为,同时付出了一定的努力来改变自己不好的行为。

(四) 小组焦点访谈

笔者分析师生小组焦点访谈的语料,开展三角论证。

在课程快结束时,学生在小组焦点访谈过程中表达了他们对离异话题的看法,内容如下。

笔者:我们学习了大量关于家庭离异话题的文学作品,你们有什么感想?

学生 ZLJ:离异其实对我没有什么太大的影响,我本身成长在离异家庭,我也是很少能够见到我的母亲,但是我认为我的成长和我的童年是非常幸福的。即使家里少了一个人,但我得到的关爱很多,我父亲既充当了一个母亲的角色,也充当了一个父亲的角色,我非常感谢他。所以到底是否是离异家庭不重要,重要的是你和你家人相处得怎么样。

学生 CDY:我认为离异家庭对小孩影响很大,因此我会从小孩需要完整的爱与完整的家的角度来慎重看待离异这个问题。我未来不会轻易离婚,通过阅读这些文学作品和回想身边生活在离异家庭中的同学,我体会了离异家庭对孩子深深的伤害,知道了他们太多的成长烦恼。

学生 MPH:我成长在一个父母离异家庭,通过阅读这些文本和开展文学讨论,我更加了解我父母的行为。我知道有人即使陪你走了一万步,迟早也是要和你分开的,如果没有感情了,就放手吧,这也是一种爱自己和爱别人的方式。

学生 LY:我认为应该尊重他们的选择,有同学认为我们有必要挽回父母的爱情吗?

学生 WTT:其实我并不是特别赞成去挽回,但是我认为在有些前提下,有挽回的必要,比如父母间还有感情。如果是在我们这年龄,我们可以通过细微的事情和父母间的谈话来了解和摸索他们是否还有感情。如果他们真是有感情的话,你可以给些帮助,使他们重新走在一起;如果没有感情的话,分开便是最好的选择。我认为父母分开了并不代表他们不关心你了,即使他们身处异地,他们还是会发自内心来关注你的成长和发展。爱是不变的,只不过换了一个地方和方式而已。爸爸妈妈和自己的关系是永远不变的,要坚信爸妈即使不和我们在一起,也不会不管我们。

此外,要坚信离婚是爸妈的自由,但是劝他们在一起时,需要以感情为基础。我的父母在离婚的时候,他们问了我的意见,我告诉他们,你们如果不爱了,就尊重自己内心的选择吧。

学生 YPP:父母在一起要以感情为基础,离了不一定就会给你造成多大伤害。尽管他们分开,但是他们同样会给你爱。

学生 LHM:不管是在父母方面还是自己方面,伤害是可以调节的。

这批学生接受了多元价值观,这符合布卢姆情感领域的价值接受原则。例如学生 CDY 提出为了孩子能够有一个完整家庭,不轻易离婚的价值观。

(五) 问卷调查

在文学阅读结束时,笔者为了了解阅读英语文学作品如何有利于学生的成长和帮助学生获得了什么样的学习成就感,对 30 名参加文学阅读的学生进行问卷调查。首先,在课堂上,笔者讲解了问卷的目的和意义,告诉学生正确填涂的方法,然后要求学生当面完成问卷调查。学生如果有疑问,可以向笔者提问,学生对笔者的意图和题目的意义明白无误后再回答。学生完成问卷调查的时间为 20 分钟。30 名学生交回了调查问卷。笔者在输入问卷时发现有两份无效问卷,因此有效问卷比例为 93.3%。笔者在接下来的部分汇报问卷的内容和分析结论。问卷调查见附录 1 的前 12 题,它们调查阅读英语文学作品是否有利于学生的成长。此研究是质性研究,按照非概率抽样原则,不完全遵循量化研究中的抽样规则;本次有效样本数量为 28,这符合质性研究样本数量不低于 12 个的要求。在统计分析中,笔者设定虚无假设为五分量表的赋分如果大于三分,则证明阅读英语文学作品有利于学生成长。阅读文学作品有利于学生获得成长成就感的单样本方差分析见表 6.1。12 个试题的全部赋分为 47.1分,平均赋分为 3.93 分。12 个题目的全部频次为 336 次。笔者发现没有学生选择完全不同意,学生选择不同意的比例为 3.1%,学生选择基本同意的比例为 24.4%,学生选择同意的比例为 52%,学生选择完全同意的比例为 20.5%。只有 3.1% 的学生认为阅读英语文学作品不利于学生积极成长。笔者分析调查问卷后得出如下结论:参加英语文学阅读教学的 96.9% 的学生认为阅读英语文学作品有利于自己成长。

表 6.1   阅读文学作品有利于学生获得成长成就感的单样本方差分析

数量	平均数	标准差	P 值
28	3.908	0.36	0.000

在具体的统计分析中,由于样本比较小,笔者采纳 T 检验验证这虚无假设。参加本次文学阅读的学生样本为 28 人,样本偏小,笔者把 P 值设定为小于 0.001。统计分析本次 T 检验的 P 值为 0.000,P 值小于 0.001,因此可得出结论:阅读英语文学作品有利于学生成长。

四、讨论

阅读英语文学作品利于学生的成长。理由如下。

第一,学生在教师引导下,在阅读英语文学作品的过程中经历了师生情绪的投入、共享、认知和调控(李静纯,2017)。这拓宽了学生的心理感受视野,增强了学生对自我情绪的理性辨认与区分,提升了学生的情绪认知水平。

第二,学生在欣赏文学作品的过程中,在情绪认知的基础上学会情绪调控,学生在理解文本中客观信息(文本主题、主人公性格、文学作品内容、文学作品冲突等)的基础上,也采纳了以读者为中心(包括读者信念和读者移情)的方法表达自己不同的看法,思考自己在此语境中未来可能会采取的行动,这将有利于学生对未来的情绪认知和情绪调控。例如学生 WHY 在阅读文学作品 *Jake Drake：Teacher's Pet* 后写道:"如果我是文中同学的话,首先,我不应该对其他学生有太多忌妒心。当我发现老师明显优待别人时,我应该及时发现他们的优点,告诉老师要一视同仁。然后,假如我是文中的 Jake,当老师对自己有明显偏爱和当老师错误理解了事实时,我应该采取一些措施来改变自己的状态,应该勇敢地说出事实,从而使自己真正融入这个班级。"

第三,学生阅读后了解文本中影响青少年内化矛盾的预测因素,以及处理影响青少年内化矛盾预测因素的方法。学生在对话和协商过程中主动树立了一些积极向上的价值观,养成了健康的生活方式和良好的思维习惯。文学阅读不但在一定程度上培养了学生的价值观,而且在一定程度上改变了一些学生的思想和社会行为,因此文学阅读在一定程度上帮助了一些学生心理成熟和成长。学生在读者反应理论的引导下阅读,在对话和协商过程中理解社会的主导性价值,认识了爱、责任、担当、勤劳、独立、善良、理性、积极有为、乐观向上、宽容、换位思考等具有价值性的品质。这些具有价值性的品质不是老师灌输给学生的,不是文学教学所能够体现的显性价值,而是文学教育所折射的隐性价值。例如学生 LJY 在阅读文学作品后写作第二次读者反应时写道:"我从这文本中得到的收获是人要学会宽容。当别人犯了错时,不要老是揪着别人的错误不放,把它当作一种攻击别人的武器;相反,我们应宽容对待,特别是对我们的家人,帮助他们改正错误。"

笔者在三级编码学生们在阅读文学作品 *The Golden Touch* 后写作的读者反应时有以下发现:①过度贪婪让人失去所有;②美好价值无法用金子来衡量;③金钱不是万能的,珍惜现有的东西;④爱不只是物质,人需要真情陪伴和关心;⑤关注平凡世界,物质和精神同等重要;⑥有得也有失,学会取舍,辩证看问题,不要一根筋,应该培养多元价值观;⑦做人要脚踏实地;⑧爱也要采用正确的方式,付出也需要正确的途径;⑨冷静地对待一切;⑩人总会犯错,经历过后,才知道自己的错误;⑪人应该去帮助其他人认识到他们的错误,给别人改过自新的机会,学会宽容。

学生 WTT 写作的第二次读者反应如下:

How to Adjust Our Negative Emotions and Understand the Diverse World

From this story, I learned how to adjust myself when I feel sad, upset, or angry. Maybe changing a perspective can help you. When you fail to do something, just remember that not everyone can achieve it and there are many other things that are more wonderful.

When you cry because of some misfortune, just remember that you won't be the most unfortunate person, because the world is so big and diverse. The world is diverse and wonderful, so why do you always limit yourself to your small part? We should often immerse ourselves in the diverse world and explore it.

学生 WHY、学生 WTT 和其他学生在教师的引导下,通过多次与文学文本、同学、老师、自己人生经历的互动,在直面青少年现在和未来成长中的变化、冲突和矛盾时获得了自己的阅读体悟。这阅读体悟就是学生在阅读英语文学作品的过程中和阅读后获得的丰富的读者反应。教师发现学生获得的读者反应在一定程度上帮助学生形成了健康和积极的人生观和价值观,从而在一定程度上帮助了学生成长。因此读者反应是帮助学生健康成长的源泉。

五、结论

笔者通过收集多方证据,形成三角论证,发现学生在多维度问题链的引导下和教师设计的一系列教学活动中,以及在多层次、多回合的学习过程中已经触动自我的情绪和情感,因为学生在和内心产生互动的过程中生成了触动内心的深层次话语(李静纯,2017)。学生在阅读英语文学作品的过程中,情感、态度和价值观发生了一些变化。笔者通过问卷调查和分析学生写作的文学阅读课程汇报,发现有90%的学生形成了多元的价值观,文学阅读在一定程度上帮助学生积极成长。参加文学阅读学生的认知目标和情感目标都得到了一定的发展和提高,这有利于培养学生在认知和情感方面的学习成就感。这些变化是学生在阅读英语文学作品的过程中,在学习英语语言知识和形成英语语言能力的过程中发生的。

第二节　形成了积极的阅读态度

一、阅读、阅读态度和快乐阅读(悦读)

阅读是我国学生学习英语的主要输入方式(严文庆,2005)。接触大量有意义、有趣或是相关的第二语言输入材料是第二语言能力提高的关键因素(Krashen,1982/1985)。大量阅读,包括消遣性阅读,有利于学生形成语感和语言习惯,提高第二语言能力,对学生的语言态度也会产生一定的影响(Elley and Mangubhai,1983;Krashen,1989)。

阅读态度是一个很复杂的理论概念(Yamashita,2004),一般很难界定阅读态度和其特征(Lee and Schallert,2014)。大多数研究者都承认阅读态度包括认知(cognitive)态度、情感(affective)态度和意动(conative)态度(McKenna,

Kear，and Ellsworth，1995；Yamashita，2007；Lee and Schallert，2014）。阅读认知态度是个体以工具性作用为中心，在阅读中感受到的阅读认识、观点或评价，例如，阅读英文有利于学生将来找一份好工作（Lee and Schallert，2014）。阅读情感态度是个体在阅读过程中的感受或情绪（McKenna，Kear，and Ellsworth，1995），例如，阅读时学生不认识所有单词的话就会感到焦虑（Lee and Schallert，2014）。阅读意动态度是个体对阅读产生的行为准备状态或行为倾向（Yamashita，2007；Lee and Schallert，2014）。意动态度需要个体通过行为来表现出对阅读的感受，例如，学生去图书馆借了英文书来读（Lee and Schallert，2014）。

已有研究主要集中于分析学生的阅读态度现状（McKenna，Kear，and Ellsworth，1995；刘晓天，2012；McKenna et al.，2012）、英语阅读态度对阅读成就的影响以及二者的正相关联系（Kush，Watkins，and Brookhart，2005；张喜春、潘映，2008；Martínez，Aricak，and Jewell，2008；Fives，2016）、母语阅读态度对外语阅读态度的影响以及二者的正相关联系（Kamhi-Stein，2003；Yamashita，2004；Yamashita，2007；Lee and Schallert，2014）。辜向东、洪岳、杨瑞锦（2017）通过学习日志的质性个案研究发现"大量阅读输入"的教学模式会让学生的阅读态度产生积极的变化，并找到了一些产生积极变化的影响因素。

快乐阅读在阅读过程中发挥重要价值。对于学习第二语言的学生来说，超越阅读能力的初级水平到阅读能力的高级水平的方法之一是自愿和快乐地阅读，而不是依靠反复和机械的句型练习，因为大量阅读有利于学生形成语感，提高二语语言能力和养成良好的语言学习习惯（Krashen，2003）。

许多以英语为外语的学习者把英语阅读作为技能训练，因为学生经常不愿自发阅读英语，也不把英语阅读作为一种快乐的活动。为了帮助学生进行快乐阅读，Ali（1993）采纳读者反应理论进行文学作品教学。研究发现这种方法给学生带来阅读的快乐。因此教师应该培养学生的"悦读"品质，而不是功利性和目的性的学习动机（Lightbown and Spada，2021）。

读者对文学作品，尤其是小说评价的标准应该是喜欢和不喜欢（艾德勒、范多伦，2014），因此研究者应该选择优质文本、趣味性强的话题、完整的故事，设计能够激起学生兴趣、能够引发激烈讨论和可以激发学生想象力的引导性问题，使学生快乐阅读（悦读）（Harmer，2000）。

高境界阅读首先要培养学生阅读的兴趣,接着才是培养学生的阅读能力。为乐趣而读,为增长知识而读,这才是"悦读"。学生在消遣性阅读(修养性阅读)过程中和在阅读讨论各种问题的过程中获得和享受快乐,这属于情感认知目标的满意反应(克拉斯沃尔、布卢姆等,1989)。

二、研究方法

笔者在实验开始和结束时深度访谈 5 名学生;在实验结束时开展全体学生的小组焦点访谈;在实验过程中开展课堂观察,收集文本资料(如学生写作的文学课程学习汇报和读者反应,学生完成的作业,教师写作的观察日志和工作日志);在实验开始时和实验结束时开展问卷调查。

笔者对收集到的学生的所有资料进行整理和转录,为了尊重质性研究的伦理道德,研究者和学生签订了研究承诺书,告知学生不会在文章中出现学生真名,使用代号。

笔者使用以质为主、以量为辅的混合研究方法开展研究,研究采纳辜向东、洪岳、杨瑞锦(2017)提出的学习日志的编码方式和三级编码的方式,主要对阅读认知态度、阅读情感态度、阅读意动态度和影响阅读态度变化的因素进行编码。图 6.2 展示了阅读态度及影响阅读态度变化的因素。

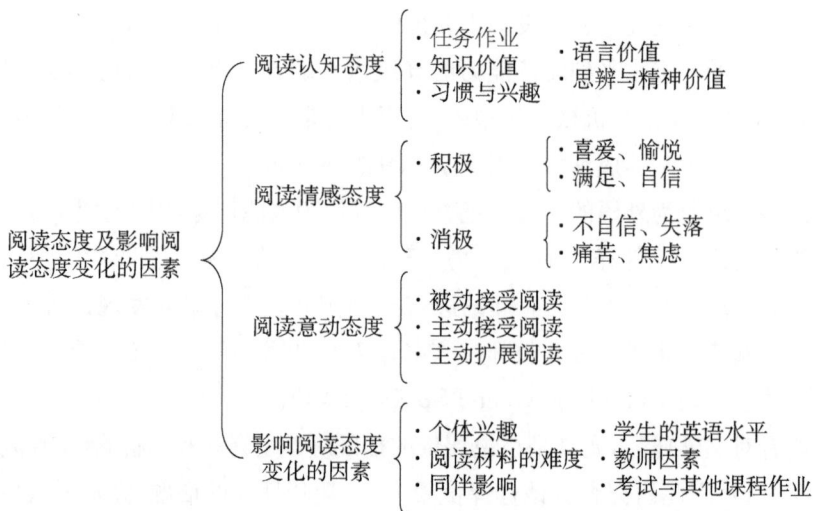

图 6.2 阅读态度及影响阅读态度变化的因素(辜向东、洪岳、杨瑞锦,2017:71)

三、研究发现

(一) 学生阅读态度的变化

笔者发现学生的阅读态度发生了显著变化。

1. 阅读认知态度的变化

分析基于辜向东、洪岳、杨瑞锦(2017)提出的5个阅读认知态度:任务作业、语言价值、知识价值、思辨与精神价值以及习惯与兴趣。

任务作业态度指学生对完成作业的态度。在实验开始时,英语学习成绩优秀的学生DH、MPH(2019年分别考入清华大学和北京大学)和另外4名学生MSZ、ZLJ、XX、WHY不认真完成实验教师布置的作业,尤其是不完成读者反应写作任务。实验教师在和学生DH谈话时,她说:"我只想来上课,我不想写作业,尤其不想写作读者反应,写那些作业对我的英语考高分没有帮助。"实验教师和他们一个个谈话后,也得到了同样的答案。实验教师在网上下载了阅读英语文学作品的方法和写作读者反应给学生带来好处的英语原文,同时把文章翻译成中文,第二天把英语文章和中文文章发给大家,并要求大家阅读文本。明白了完成作业的意义和价值后,学生开始认真写作业了。这也能够证明教师给学生讲解清楚教学方法和原理能够帮助学生树立积极的学习态度。

实验结束时,学生DH说道:"我发现基于读者反应理论的文学阅读不仅可以帮助我的英语学习,还可以帮助我的人生健康成长。"

持有语言价值态度的学生认为,阅读文学作品是学习语言和提高语言能力的好方式(辜向东、洪岳、杨瑞锦,2017)。学生WHY在写作课程汇报时写道:"读后完成阅读理解题和写作读者反应对我的英语学习有帮助,多次阅读文本,可以帮助我形成语感,学会找关键句来帮助理解,在问题的引导下阅读。在问题的引导下阅读,加深了我对文章的理解,让我明白了应该怎样进行文学阅读。"

在访谈中学生WHY还说道:"阅读文学作品,可以更多地了解地道的英语文化,也增强了我的语感,而且,文章中的生单词比较多,这也培养了我的猜词能力。通过几个月的文学阅读学习,我现在阅读英语文章的速度比过去快了,能够更快地抓住文本主题思想,内容理解更加透彻了,写作语言比过去好一些。"

持有知识价值态度的学生认为阅读可以拓宽知识面,丰富人生体验(辜向东、洪岳、杨瑞锦,2017)。在访谈中学生 ZLJ 说:"文学阅读可以提高我的判断能力,学习文本中好的品质,批评文本中不好的品质,引以为鉴。文学阅读有利于扩充我的词汇量,培养我的语感,通过谈论,我形成了辩证看待世界的思维,文学阅读可以激发想象能力和创新能力,因为在读文本时我会预测下文内容,创新能力指我可以续写文本。"学生 MPH 在课程汇报中写道:"阅读是一种良好的习惯,有着净化心灵、陶冶情操的作用。在阅读中体验他人世界,学习他人人生智慧,使我更好地走上人生路。"

持有思辨与精神价值态度的学生认为阅读可以锻炼理解和思辨能力,丰富和满足精神世界(辜向东、洪岳、杨瑞锦,2017)。学生 WTT 在课程汇报中写道:"文学阅读丰富了自己的思想,提高了自己的情商。"

持有习惯与兴趣认知态度的学生认为学习英语文学作品可以培养自己好的阅读习惯和兴趣。学生 ZXJ 说道:"这一阶段的学习让我的英语有了很大的进步。长篇文本的阅读让我学会耐心地阅读文章,对于提高我的英语阅读强度很有帮助。第一次发现英语的文章和语文的文章一样有魅力,我现在知道怎样欣赏了,很享受阅读过程,也养成了每天阅读的习惯。"

总的来说,学生的阅读认知态度是积极的,这几位学生(XX 上课 4 次后退出实验)经历了从不完成作业、消极完成作业到积极完成作业的变化,学生在完成作业的过程中通过多次阅读文本,在问题的引导下体会到了阅读英语文学作品的价值(语言价值、知识价值、思辨与精神价值、习惯与兴趣价值等)。他们发现,阅读英语文学作品对英语学习产生了多方面的影响,他们的认知态度发生了积极变化,优秀学生的阅读态度完成了从育分向育分和育人并重的转变。

实验结束时,笔者对学生开展问卷调查,附录 1 的 13~29 题涉及认知态度的 5 个方面。笔者把认知方面的积极变化归纳为学生的英语学习成就感。调查结果见表 6.2:

表 6.2　文学作品阅读有助于学生获得学习成就感的单样本方差分析

学生数量	平均数	标准差	P 值
28	3.871	0.36	0.000

笔者在梳理问卷时发现有 2 份无效问卷。因此有效的问卷比例为

93.3%。因为只有 28 份问卷,样本偏小,笔者把 P 值设定为小于 0.001。本次 T 检验的 P 值为 0.000,P 值小于 0.001,因此可以得出以下结论:阅读英语文学作品有助于学生获得英语学习成就感。

2. 阅读情感态度的变化

阅读的情感包括积极和消极两大情感。消极的情感指学生的痛苦、焦虑和不自信,积极的情感包括喜爱、愉悦、自信和满足(辜向东、洪岳、杨瑞锦,2017)。学生 WTT 在课程汇报中写道:"首先是英语阅读的语感增强了,在此之前,我个人对长篇英语文章还没有什么接触,而阅读这些文学作品则让我对英语阅读产生了浓厚的兴趣;其次是对英语学习的信心增加了,也更加主动。"

但是也有学生对阅读文学作品有积极和消极的复杂情感,学生 LCM 说道:"阅读英语文学作品对我的英语学习有较大的帮助。但阅读 5 000 单词的长篇幅文本和有大量陌生单词的文本让我产生巨大压力和感到烦躁。当我在读短小文本时,我就会比较放松,很有节奏地阅读。了解了很多英语阅读的手法,讽刺、对比、反语等等,(这)对提高文本的理解能力很有帮助。对文章的模糊容忍度的提升让我受益匪浅,我现在对阅读充满自信,毕竟在老师的训练下阅读了 7 万英语单词的文本。"

有些学生通过这次文学阅读,消除了一些对阅读理解的消极情绪,慢慢转移到积极情绪,学生 LHM 说:"我对英语阅读理解不再那么抵触,而是愿意去理解这些英语故事。"

笔者通过分析学生的语料发现学生对文学阅读的情感态度有变化:实验开始时,学生对文学阅读采取消极和观望的态度,后面开始变得越来越积极。随着文本越来越长,生词变多,在每个月月底考试前的那几天,学生的阅读情绪变得消极了,但是月考结束时,学生的情绪马上回归到积极,这是考试对学生学习产生的消极反拨效应。教师要选择合适的阅读文本,关注学生考试文化。

在实验结束时,笔者对学生进行问卷调查,获得有效问卷 28 份,分析问卷调查中的第 1 题到第 12 题,可得出结论如下:通过参加英语文学阅读课程,96.9% 的学生认为阅读英语文学作品在一定程度上有利于其成长。有利于学生积极成长就是阅读情感的积极变化,详细内容请见第六章第一节阅读文学作品有利于学生获得成长成就感的单样本方差分析(见表 6.1)。

为了帮助学生产生积极的阅读情感,笔者应该考虑文本的长度、文本的难度、文本的生词量、学生的学习时间、考试文化、文本和学生的相关性等。

3. 意动态度的变化

学生的意动态度变化包括学生被动接受阅读、主动接受阅读和主动扩展阅读（辜向东、洪岳、杨瑞锦，2017）。

被动阅读表现为学生的阅读是受他人影响的，如不认真完成作业，或者只上课、不做作业。学生 XX 讲道："我们英语老师和班主任说参加文学阅读对我学习有好处，她们和我父母硬要我参加，我只好来了。其实星期天下午我还是很想休息的。至于作业嘛，老师，你就放了我吧，我能够来听课，就已经很好了。"

主动阅读型的学生认真完成老师布置的阅读任务，并且认真完成作业。学生 MPH 在访谈时说道："我阅读文本 3 次，能够高质量完成老师布置的作业，我就不看文本了。其实文本中有些地方，我还是不明白，我等老师讲和同学课堂讨论一下就 OK 了。"

主动扩展阅读意动是指自主开展深度阅读和扩展阅读（辜向东、洪岳、杨瑞锦，2017）。学生 CDY 说道："我为了不浪费高三宝贵的学习时间，我要阅读文本 3 次后认真完成作业。然后，我再看一遍，把不懂的地方画出来。上课时我和同学讨论，并认真听老师讲；下了课，我再认真看看文本，积累单词和短语等。再完成长文本的阅读，并写完作业。"

被动接受为消极的意动态度。笔者根据课代表的汇报、课堂观察和学生的作业发现实验开始的第一个月，有 30％这样的学生。后来，这样的学生越来越少，第二个月结束时这样的学生就没有了。有些学生即使有事情不能够来上课，也会认真地完成作业。学生 LCM 因为家里发生了大事，回家乡了，不能够来上课，但是她还给实验教师打电话咨询教师的邮箱，自己及时地把高质量的作业发来了，还要教师把下次的阅读文本通过邮箱提前发给她。例如，唯一的高三学生 CDY 从高三第一次模拟考试结束的铃声中冲出来，冲进我们的文学阅读课堂。

研究结果表明，主动接受阅读和主动扩展阅读的学生展现出积极性的意动态度。学生在实验的第一个月后，因为熟悉了阅读的方法，知道了阅读的价值，都能够主动阅读。但是因为学生的学习时间非常紧张，主动扩展阅读的学生只有 40％。通过和她们交谈，笔者发现这部分学生中有人很喜欢中文的文学阅读，有同学的目标是能够在高考英语考试中考 140 分以上，有的同学希望能够到北大、清华等名校和北上广等发达地区学习。这也证明学生的认知态度对学生的意动态度产生重要影响,也证明只要教师帮助学生认清并体验学习英语文学作品的价值,他们的阅读态度就会发生变化。

(二) 影响学生阅读态度变化的因素

笔者对收集的研究语料进行三级编码后发现,学生的阅读认知态度、阅读情感态度和阅读意动态度发生了积极的变化。分析后发现影响学生阅读态度变化的因素如下:控制影响文学阅读的学习因素,采取科学高效的教学和评价方法,培养学生优秀阅读品质、信心和成就感,发挥文学作品教和育的功能(见图 6.3)。形成这 4 个维度间的和谐关系才能发挥文学作品的英语语言学习价值,帮助学生获得英语学习的成就感和发掘文学作品的教育价值,助力学生人生成长,学生才能够在阅读英语文学作品的过程中获得学习的成就感。

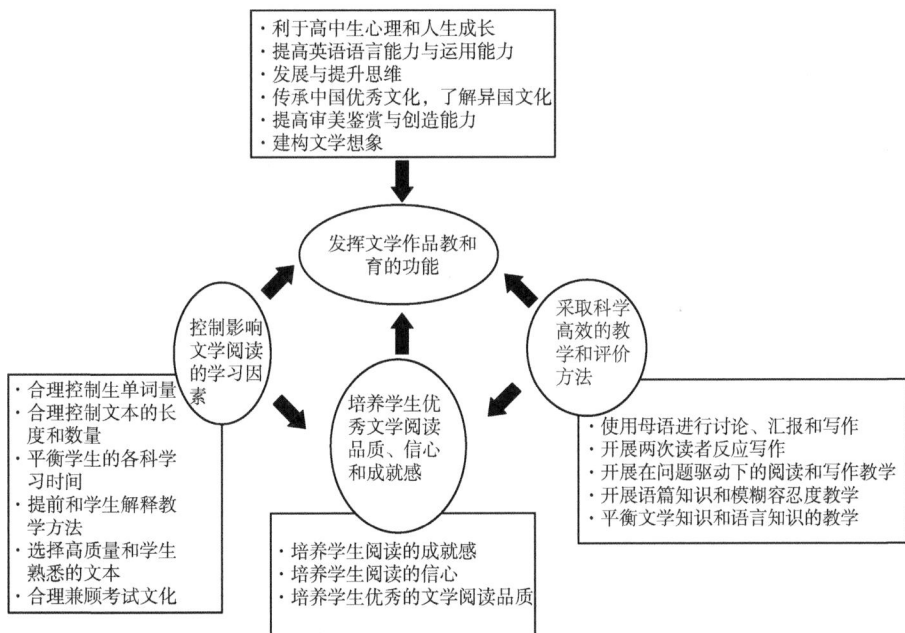

图 6.3　影响学生阅读态度变化的因素

笔者应该控制影响文学阅读学习的因素,如生词量、文本长度、文本难度,平衡学生的学习时间,考虑学生的考试因素。学生 PMJ 在课程汇报中写道:"有些文本对我来说难度太大,长度太长,生单词太多,任务太重,会让我产生畏难情绪,从而抵触文本,因此我建议在挑选文本时不能过于追求文本的精彩,还要考虑文本的难易。阅读的认真程度主要取决于我当时的空闲程度。如果我的日程表已经满满当当,我不太可能花几倍时间去阅读英语的文学作品。如果我的生活比较悠闲,我不仅会慢慢品读文学文本,还会用自己的语言将它翻译,然后和那些较正规的译本对比分析。"学生 ZXY 和 LCM 说道:"建议英语老师不要在月考前上文学阅读课程。时间太紧张,学校每个月要排名,考不好,家长、班主任和学校给我们的压力太大,我自己也难受好久。"

笔者采纳高效的教学和评价方法,保证学生获得阅读成就感。在实验过程中可使用学生最强的母语进行讨论和汇报(Long,2000)。这有利于学生更好地表达自己阅读文学作品后的感想。CDY 同学在访谈中说道:"因为读文学作品时人要思考很多,但自己的英语水平有限,用英语不能够恰当、清晰地表达自己的情感和想法,而使用汉语更能够清晰地表达自己的意图和想法。"

但是笔者尽量保证学生使用自己有把握的语言来表达自己清晰的思想。教师可指导学生采纳概括、重述、增加、减少等语言交际策略,给学生进一步学习英语的机会。

教师应在读前提出问题,引导学生开展阅读和写作,帮助学生获得语篇知识和模糊容忍度,平衡文学知识和语言知识的教学。学生 ZY 说道:"阅读长篇文学作品有难度,但能够提高我的阅读能力。在长阅读中遇到很多生词,刚开始时我咬文嚼字,阅读速度很慢,思路老停留在认字上,意义理解老是被打断,而且不能够掌握大体含义。通过使用老师教的语篇和模糊容忍度知识,慢慢地,我发现我的模糊容忍度提高了,我不再逐字逐句地翻译,而是就英语语言本身来体会,一口气读完整篇文章,把握主旨,能够更好地领悟文章内涵。"学生MSZ 建议:"老师要更加注重英语单词句子积累,不要只侧重于文学手法赏析、主旨体会、标题多层次意义的解释,我们还是要准备高考的,分数更重要,要想考高分,词汇等基础知识最重要。"学生 LHM 说道:"阅读理解后的问题也是对文章逻辑和结构、文学性的考察,这些问题囊括文学作品学习时需要解决的问题,语文老师在进行文学阅读教学时也问这些问题,它们帮助我们更加深入地理解文本,把握这些引导性问题,就基本理解了该文学作品。"

教师应该培养学生的优秀阅读品质、信心和成就感。如引导学生阅读长文本,批改学生的作业,在课堂及时表扬和鼓励学生,帮助学生更好地通过阅读英语文学作品在考试中得高分,帮助学生更好地阅读、欣赏和理解文本。笔者在访谈时问学生 ZL:"每次上完一堂文学阅读课时,你有什么成就感?"他说:"每一次老师改作业都给我写批注,表扬我,然后自己也能够运用老师所教的这些方法去阅读下一篇难度系数更大的或者是篇幅更长的文章,这就给我带来了一定的成就感。"学生 PMJ 在课程汇报中写道:"练习、阅读过长篇难文本,考试时的文章就显得相对简单,看到难文本也不会太心慌,阅读文本的速度也提高了,腾出很多时间给后面的作文。"学生 NFS 在课程汇报中写道:"阅读文本时就仿佛身临其境(文本故事),(这)大大地丰富了生活体验,我明白什么应该做,什么不该做。"

教师应该发挥文学作品的文学教学和文学教育功能。在文学阅读的过程中,教师应该设计一些有利于学生的心理和人生成长的教学活动。这有利于提高学生应用语言的能力,有利于学生思维的发展和提升,有利于学生传承中国优秀文化和理解异国文化,有利于培养学生的审美鉴赏力,提高学生的创造能力,这样才能够使学生真正喜欢文学阅读。例如,在 28 份有效问卷中,25 名学生提到文学阅读会陶冶情操、拓宽视野、培养审美情趣、提高文学素养,28 名学生均认为,文学阅读可以提升学生的跨文化理解能力。

四、结语

基于读者反应理论,本研究是以质性研究为主、量化研究为辅的个案研究。研究发现学生的阅读认知态度、情感态度和意动态度都发生了积极的变化。本研究还发现影响学生态度变化的 4 个维度和 20 个方面的因素。4 个维度是:控制影响文学阅读的学习因素,采取科学高效的教学和评价方法,培养学生优秀文学阅读品质、信心和成就感,发挥文学作品教和育的功能。主要因素包括学生的英语水平、材料的难度、材料和学生的相关性、教师水平、考试文化、学生的学习时间、评价等。研究再次证明了广泛阅读有利于增强学生阅读动机,培养学习者积极的阅读态度(Mason and Krashen, 1997;Day and Bamford, 1998;辜向东、洪岳、杨瑞锦,2017)。

本次研究对英语文学阅读教学,尤其是对高中学生的文学阅读教学有一定的借鉴意义:①在开展阅读时要控制一些影响阅读的因素,如文本的长度和难度、生词量、文本的数量、文本和学生的相关性、考试文化、学习时间,并告知学生学习的方法和为什么要学习;②科学开展教学和评价,这包括使用母语交流和写作读者反应,获得学生真实和丰富的文学读者反应,开展语篇知识和模糊容忍度知识的教学,以读者反应理论的引导性问题开展阅读理解和写作教学,在写作两次读者反应的过程中把握学生的文学阅读体验,平衡文学知识和语言知识的学习;③在教学中要发挥文学作品的文学教育价值和独特的文学教育功能;④在教学过程中,培养学生优秀的阅读品质、学习成就感和阅读信心。研究证明,在教学的过程中协调这些要素在一定程度上可以培养学生积极的阅读态度,从而帮助学生在阅读英语文学作品的过程中获得英语学习的成就感,有助于学生的人生成长。

第三节　获得了文学能力要素

一、培养文学能力要素的方法

学习者在阅读英语文学作品时要处理好阅读和写作的关系,学习者要学好英语,就需要大量地阅读和写作。我国外语教学应该以阅读和写作为本,因为读与写是我国外语教学的主攻方向(董亚芬,2005)。阅读英语文学作品也有利于提高学生的阅读和写作能力,因为广泛阅读英语原著是学好外语不可或缺的条件。同时,阅读只是一种接受性学习,最终目的是让学生能够使用学习的语言进行思考,表达自己的思想(李观仪,2005),而写作是学生表达自己思想的最好方式之一。阅读和写作应该同步开展,读完之后应该写一部分读者反应之类的文字,应该使用刚刚学会的句法和单词表达自己的思想(黄源深,2005)。

一系列以往研究证明写作有助于读者思考、解决问题和提升认知能力(Krashen,2012)。文学教学发现学生在阅读后写作的学习效果通常比不写作的效果好(Newell,1984;Langer and Applebee,1987;Marshall,1987)。

高效率的阅读和写作需要有思维启发性的问题,这对培养学生输出有质量的表达有非常重要的价值。有思维启发性的问题能够引起学生的讨论兴趣,拓宽学生视野,帮助学生探索新可能性、消除不确定性、培养想象力和思维能力(Langer,2011)。Chamberlain 和 Burrough(1985)提出了以问题为导向的策略。学生在阅读中和阅读后的一系列活动中(如写评价、写作读者反应、分享读者反应和回答问题)发展思维。

为了更好地发展学生思维,笔者需要通过设计有思维启发性的问题引导和帮助学生在阅读、写作和交流中表达自己的思想。在外语教学中,语言学习和思维活动要结合起来,防止仅依靠死记硬背开展语言学习的现象,要让语言活动能够成为学生表达思想的通道(邹为诚,2017),只有在课堂教学中精心设计课堂问题,才能更好地引导学生理解文本和表达思想(邹为诚,2006)。

文学作品的目的在于唤起不同诠释,而不在于证实某个人的观点(费希尔,2009)。因此在开展文学阅读时应该帮助学生在欣赏文学作品的过程中获得文学能力要素,唤起学生丰富的读者反应。

文学欣赏能力包括鉴定和欣赏文学作品的能力。"欣赏"的意思是"鉴定和欣赏"。鉴定指评判和鉴别,欣赏指享受美好事情和体会其趣味。欣赏是使用喜欢和愉悦的心情领会对方,而不包括突出或者强调分析和鉴别,这是一种感性和直觉,包括了解故事内容、体会思想内涵、激发情感反应、具备模糊审美判断和道德判断。这是一种情感趋向。欣赏有别于鉴赏,鉴赏是专门化和学者化的欣赏(胡山林,2012)。读者在理解、欣赏和领会文学作品的道德教育中敏锐观察社会和形成丰富想象,这启迪了成长过程中可培养的文学能力要素(张志公,1994)。

大量的阅读和写作可以培养学生的语言知识应用能力、学习能力和文学能力(Carter and McRae,1996)。学生在阅读英语原著文学作品的过程中可以形成丰富的想象能力和提升自己创造性表达的语言能力。一系列的研究证明有广泛阅读经历的学生不但阅读理解能力提升了,写作能力也提升了(Janopoulos,1986;Mason and Krashen,1997)。

同时,东方美学思想强调学生自己从内心感悟文学作品,而西方美学思想强调依靠多种西方的文学批判理论理性培养学生的文学能力。感性认识需要学生单独思考,但是理性认识需要教师指导(王泉根、赵静等,2006)。因此在本次文学阅读教学过程中学生需要单独阅读和思考,也需要教师指导和读者反应理论的引导。

二、阅读英语文学作品培养了学生的文学能力

(一) 互动文学作品

互动文学作品指读者利用以前的知识、个人生活经历和文学作品产生互动,在具体教学活动中指形成想象的图画、文本与生活建立联系、预测剧情发展和在阅读时投入丰富情感等活动。

1. 形成想象的图画

读者在阅读文学作品的过程中通常形成文学的想象图画。文本中的那些描写性的单词有利于学生在自己的大脑中形成丰富图画。

例如,在阅读文学作品 *Jake Drake*:*Teacher's Pet* 时,学生 MPH 在欣赏环境描写时讲道:

我在阅读"Willie waved at me from the other side of the playground, and I ran over to meet him. The sun was shining, the sky was blue, and the birds were singing. It was a beautiful May afternoon; it was recess, and I had survived lunch. I started to feel okay again."时,发现作者运用了环境描写手法,借景抒情,抒发了"我"顺利度过午餐时光的愉悦,体现了成为教师"宠物"的经历对"我"心灵造成的沉重负担。这采纳先扬后抑的方法,为下文中描写几个学生讽刺性的起哄和"我"再受教师不分青红皂白的夸赞给自己成长带来无形的压力做铺垫。

2. 文本与生活建立联系

这类读者反应通常指学生在阅读文本时把文本与自己的个人生活经历、文学阅读体验、其他社会和文本经历建立联系,形成互文性。

例1:学生 SZH 在阅读了文学作品 *The Avalon Ballroom* 时的感想

这篇文章主要讲了我和妈妈一起努力,最后实现自己目标的故事。每个人的出身起点不同,但是父母的爱却是相同的。文中母亲为了孩子上大学,一直在努力,对孩子有时的不理睬也不计较。这让我深有感触。

记得小时候,家里过得很拮据,但每次我想要吃的、玩的,父母都会满足我。直到有一次,我特别想要和同学一起去参加一次额外的培训。为了我,他们省吃俭用。他们让我感受到父母对子女最诚挚的爱,他们也教会了我什么叫奉献与无私。一个人的出身并不重要,最重要的是身边有最爱的人陪你不懈奋斗。

例2:学生 ZXJ 将文学文本 *She* 和文本 *Lessons* 联系起来

两个文本中的继母都是特别吝啬和自私的,两个父亲再婚以后都开始陌生化他们的女儿。但是继母的角色并没有像《白雪公主》中的继母那样遭到报应。在 *She* 的文学故事中,继母和女儿的紧张关系还在继续进行。*She* 中的父亲一直懦弱,不支持"我",但是 *Lessons* 中的父亲从懦弱、远离"我",到最后理解"我"和支持"我"。

例3:学生 LHM 的读者反应

文本 *A Piece of Yellow Soap* 和文本 *The Washwoman* 讲述了年老的劳动妇女依靠自己努力工作而艰难生活的故事。文本 *The Pill Factory*、*Riding up to Ruby's* 和 *The Avalon Ballroom* 描写了生活比较贫苦的孩子在经济条件不太好的情况下通过打工获得经济独立,希望改变自己命运的故事。*She* 中的孩子特别爱抱怨,自己还不是特别自立,但是 *Lessons* 中的孩子特别自立和独立。她和文本 *The Pill Factory*、*Riding up to Ruby's* 以及 *The Avalon Ballroom* 中的孩子一样通过自己打工,积极向上地改变自己的生活。

笔者认为这些学生采纳了归纳的思维模式构建文学想象。学生在文学阅读过程中基于文本内容的互文开展了创造性写作,这也是学生基于文本内容开展的想象性写作,写作的文本必然会受到前面文本的影响,知识是对前面文本镶嵌的结果(Kristeva,1980)。创造性写作可以培养学生阅读后的写作能力和构建互文联系的能力。

例4:学生在回答问题"If you were the old lady's daughter and son-in-law, what should you do on the old lady's important birthday? Please write a letter to the old lady after realizing that she is angry."时给出了很好的互文创造性写作,笔者选择几位学生的内容进行展示。

第1位学生:I should celebrate her birthday.

第2位学生:If I were her daughter, I would take care of her in daily life and visit her on her birthday, going shopping with her, giving her a kiss, and telling her that I love her. And I will keep her company.

第3位学生:If I were her daughter, I'd visit her and have lunch or dinner with her.

第4位学生写作的书信内容如下:

Dear Mom,

We are so sorry that we didn't celebrate your birthday or even send you a delicate present.

Though we were busy that day, we did think carefully about what kind of present you would like. Because of the limited time, we had to send you the cheque. But as soon as we sent the letter, we regretted it. What a big mistake we made! We should have celebrated your birthday in person or at least sent you a thoughtful present that you could use in your daily life.

Please forgive our mistake. We love you forever. No matter how busy I am, I will make time to come home, spend time with you, give you a kiss, and let you know that I will always be here for you.

Yours sincerely,

Myra

3. 预测剧情发展

这种读者反应指学生预测文本下文发展,可以弥补文本缺陷,培养学生的推理能力和想象能力,在一定程度上可以表达读者阅读后对文本的理解,可以表达文本未尽之言以及读者心中对文本内容的期待和看法。预测经常建立在文本线索、个人希望和过去的文学经历的基础上。

例1:学生 CDY 在阅读文学作品 *The Avalon Ballroom* 后分别使用英语和汉语预测的剧情

If I were the author, I would design a scene like this: Four years later, after graduating from Princeton University, I worked in a well-known and well-paid enterprise. When I returned home, my independent mother appeared in front of my grandmother who did not support me to go to college when we were in financial trouble. What an embarrassing situation it was.

如果我是作者的话,我会设计一个这样的场景:4 年以后,"我"从普林斯顿大学毕业,在一家著名和高薪的企业工作,我衣锦还乡时和我相依为命的母亲一起出现在那个不支持我上大学的祖母面前,这是一个多么尴尬的场面呀。

例2:学生 NFS 在阅读文学作品 *Lessons* 时的预测

Mr. Alexander 的突然死亡和我的预期不一样,这样善良的人怎么会突然死亡,它不符合逻辑了。在阅读文学作品 *I Have Got Gloria* 时,主人公报复老师,谎称找到了老师家的狗,并且开始讹诈老师,被老师发现了,主人公以为老师会报复他,没有想到此时家里的电话响了,数学老师邀请他去她家里开展免费的数学补课,<u>这和我的推测大相径庭</u>。

4. 学生在阅读时投入丰富情感

学生在阅读文本时随着情节的发展会投入丰富情感。

例如,学生 XL 在阅读英语文学作品 *The Washwoman* 后写道:"这个故事讲述一个母亲为自己儿子奉献的故事。第二次阅读后,心酸和愤恨是第一感觉,更多的是对儿子的讨厌,甚至是厌恶。"

笔者在阅读学生语料时发现了大量的例子证明学生在阅读文本时投入了丰富的情感,他们随着文本中情节的变化而悲喜交加,他们在阅读过程中形成了同情和移情的丰富情感,学生真正地投入到英语阅读中。

(二) 解释文学作品

学生丰富的读者反应是可以通过解释文学作品的方式形成的。解释文学作品包括学生在解读文学作品时对文学作品角色的描写、解释和评价,判断主题意义和归纳文本大意等活动。学生要基于文学作品线索、角色动机和情感描写找出喜欢和讨厌的文学作品角色,评价角色行为,提出文学作品的教育价值和道德价值。

1. 描写、解释和评价角色行为

学生在阅读文本时通过理解和解释角色的行为可以形成丰富的读者反应,但是有学生以自己的文化观和价值观为评价标准来表达自己对角色的喜欢和不喜欢,以及对角色行为的认可和不认可。这包括描写、解释和评价。

例如,学生在阅读文学作品 *The Avalon Ballroom* 后根据阅读的内容回答 "What qualities do my mother, my father, my grandmother and my friend Tamara have?"这个问题。学生在阅读文本、开展文学讨论后,根据自己成长文化中的价值观和文本中的描写开始评价角色行为。学生的答案如下:

母亲的特征:She is selfless, steady, masterful, talented, positive, reasonable, loyal, beautiful, sentimental, hard-working, kind, optimistic, nostalgic, emotional, understanding, warm-hearted, stubborn, principled, self-respecting, thoughtful, tolerant, and romantic. She has a deep love for her family, especially her husband and daughter, and despite facing challenges, she remains a woman of sentiment and backbone.

笔者比对文本的描写后发现学生客观地评价了继母,学生赞扬继母的行为和品性。

祖母的特征:She is tidy, affectionate, kind, considerate, amiable, and emotional, but can also be strict, mean, narrow-minded, cold-hearted, stubborn, traditional-minded, and subjective. She deeply loves her son and is a devoted mother.

笔者通过比对文本的描写发现学生对祖母的解释是很客观的,学生对祖母的评价贬义大于褒义，学生能够辩证看待问题。

朋友 Tamara 的性格：Tamara is kind, outgoing, outstanding, enthusiastic, optimistic, childlike, generous, careful, caring, friendly, understanding, positive, helpful, considerate, tolerant, and warm-hearted. However, Tamara can also be immature, vain, and somewhat self-centered.

父亲的性格：He is brave, insistent, great, intelligent, outgoing, diligent, talented, loving, kind, peaceful, enthusiastic, filial, warm-hearted, realistic, hardworking, responsible, and romantic. He cares deeply about his brothers and world peace but can sometimes be selfish and neglectful of his family.

笔者通过比对文本的描写发现学生对父亲和朋友的解释是很客观的，学生赞扬他们的行为和品性。

2. 判断主题的意义

学生丰富的读者反应可以通过判断主题意义形成。

例1：学生在课堂与教师互动时，解读 *The Avalon Ballroom* 的主题意义

笔者：Now we are going to talk about a passage. The title is *The Avalon Ballroom*. I will ask some of you to tell me the meaning of the title.

学生 ZLJ：It means the love in a family.

笔者：Who loves who?

学生 ZLJ：Mother loves father.

笔者：Lily's mother loves Lily's father.

学生 LCM：My mother loves my father very much.

学生 DH：I'm going to tell you the meaning of the title. It means a poster, a place, and the love. The love among family members touches me deeply. Love is important in a family.

学生 MPH：*The Avalon Ballroom* is the poster which is very important and precious to my mother and our family, but my mother sold it for my tuition. The poster was put on the shrine. My mother asked a lawyer to come into our house, who is a collector. He found the poster valuable, so my mother decided to sell it for my tuition. So *The Avalon Ballroom* means love.

学生 ZY：The third meaning of *The Avalon Ballroom* is a place where my parents used to go to hear rock concerts.

笔者：There are three meanings of *The Avalon Ballroom*—a poster，a place，and the love. From the title，we know that grandma loves her son. My mother loves me. My mother also loves my father. All the family members love each other deeply. It is a true love story.

例 2：学生阅读文学作品 *Lessons* 后总结文本的主题意义

学生 LJY：The title of *Lessons* means the girl gives English lessons to the old man once a week. It also means a lesson that friendship should not be judged by money，and true friends don't take advantage of each other if they treat each other sincerely.

学生 HCY：First，it means that "I" teach the old man English. Second，it means that "I" learn not to take advantage of others，unlike "my" stepmother. Third，it means "I" have learned not to hate anybody，just like the old man. We should forgive and be kind to others，like he was.

学生 HCY：From the story *Lessons*，I learned good qualities from the girl. We should always be grateful to life and always be generous and kind to the people around us. Never take advantage of others.

例 3：学生 LML 的第二次读者反应

What can we learn from the passage?

We should speak out about our feelings.

What I read from the passage is about a girl who gives lessons to a rich businessman，Mr. Alexander. During the lessons，they talked with each other，shared their stories and feelings，and gradually became friends. The girl，Charlotte，who grows up in a reconstructed family that has a poor condition，is in conflict with her father and stepmother. Because her stepmother，Lorna，wants to take advantage of her position to buy cakes at a lower price. Charlotte considers Mr. Alexander as her friend who would not allow her to do so.

I think that what the stepmother has done is inappropriate. She should not take advantage of her stepdaughter's employer. What she asked hurt

Charlotte and aggravated their conflict.

The father should have done more for his daughter and tried to communicate with her to understand how she feels. Charlotte should try to understand her father and be more considerate instead of just hating him.

One thing I learned is that we should speak out about our feelings, treat our family and friends genuinely, and not try to take advantage of them. And we should always be devoted to what we are doing.

（三）评价文学作品

评价文学作品包括以下内容：学生在阅读文学作品后对文学艺术作品做出评价；学生是否喜欢文学作品，怎样喜欢和不喜欢；学生在他们的文学讨论和阅读日志中表达自己的读者反应和评价文学作品；学生也可以采纳文学标准和根据作品风格来评价文学作品。

1. 对文章的主题内容进行评价

学生在阅读文学作品和形成丰富的读者反应时，经常会表达文本的故事内容是否和自己的生活相关，以及文本中的问题是否与自己在生活中所面临的问题相关。这可以培养学生对文本的批判能力，使其不盲目接受一切，形成思考能力和质疑文本中的内容的能力。

2. 按照文学标准来评价文学作品

笔者在教学过程中首先示范学生怎样根据文学作品的标准评价文学作品，然后要求学生写作文学欣赏。笔者在此呈现部分学生的例子。例如，学生 WTT 对文本环境描写的文学欣赏：

Sometimes on a Saturday morning the sun just comes down as far as the tops of the trees, making them gold. And if you ride too fast, your lungs get burned from the cold air.

这段话用了十分细致的手法描写了峡谷中的早晨，以及骑车速度之快带来的气喘吁吁的身体感受。comes down 写出了从高空铺洒而下的金灿灿的晨光。

Behind the house, the mountain went up steep, and the place was crowded up against the road without hardly any yard at all. And the way the wind worked in the canyon, the snow drifts were always extra deep right in their front yard. The snow from the whole canyon would pile up there, when it drifted loose in the wind, and cover just about anything, even the front porch.

这段话描写了雪后峡谷，went up steep 写出了大山的陡峭，was crowded up against the road without hardly any yard at all 写出了路的狭窄，the wind worked in the canyon 写出了寒风的强盛与凛冽，pile up 写出积雪之深，drifted loose in the wind 和 cover just about anything, even the front porch 写出了寒风强盛和积雪之深。

I rode on feeling the blind man watching me. I rode along wondering if I was in trouble for saying the wrong thing, saying what my dad said. But I guess it was a secret at the Baxters, about the big flash in the sky.

这些精彩的心理描写写出了"我"此时忧虑和慌乱的心情，从侧面体现了"我"的善良。

初次接触有关英语描写的分析，最大的收获就是对英语的文学知识有了更深的理解，也进一步体会了英语作为一种语言的魅力。而在阅读文章的过程中，我认为优美的描写能够帮助我去理解文章内容，也更能让我身临其境，从更形象的角度去体会文章的感情。因此，相信在以后的阅读中我会更主动地去分析与理解，也希望能有更多的阅读经历。

本篇文章以"我"和 Ruby 的交往为线索，对生活在"我"的小镇上的一些人物与小镇的美景进行了描写，记叙了许多"我"与 Ruby 的日常生活，这些描写十分生动形象。从中可以看出"我"是一个十分能干的男子汉，将 Ruby 的家收拾得井井有条，也写出了 Ruby 对园艺的执着，对他人的关爱与尊重，以及对陪伴的渴望。

而正是这种恰到好处的细节描写与 Ruby 的子女用钱雇"我"来照顾母亲的做法形成鲜明的对比，突出了 Ruby 的孤独以及陪伴的美好与重要性。

其实生活中像 Ruby 这般缺少陪伴而又渴望陪伴的老人不在少数，我的爷爷和奶奶就是这样的例子。爸爸常年在外打工，每年只有一个月的时间能在家休息，因此在我印象里他们很珍视爸爸每一次的问候电话，两人时常争着和爸爸说话，甚至为了帮爸爸减轻负担，让他早点回家过年，而忍受着自己的病痛，起早贪黑地外出帮别人炒菜，补贴家用。他们从未向爸爸表达过思念，索要过陪伴。但这思念早已化作那一弯明月，夜夜陪伴在爷爷和奶奶的身边。

(四) 三角论证

读者反应的多维度包括评价文学作品的维度,它要求学生从文学标准和作品风格的视角欣赏文学作品,所以笔者在教学的过程中通过帮助学生学习文学知识和文学手段,慢慢培养学生欣赏文学作品的能力。参加本次文学阅读的学生在文学阅读开始时对英语文学知识知之甚少,因为许多学生没有想到在英语中也有文学知识和文学手段,例子如下。

例1:学生 LY 在师生深度访谈中所说的话

我其实过去从来不知道英语文学作品中有大量像汉语文学作品中那样的文学知识、文学写作手段和描写方法。英语通过句子结构和词汇表现文学知识和写作手段。有些词和句子很有趣,这些方面的知识是我过去从来没想到和没有遇到的。

笔者在文学阅读过程中反复引导学生使用英语文学知识和文学手段解读文学作品,学生慢慢地理解和体会了英语文学知识和文学手段在阅读英语文学作品中的价值。学生也在自己的学习中开始应用它们帮助文本理解。

例2:在学习文学作品 *Lessons* 时,学生 CDY 写作的第一次读者反应

文中继母与 Mr. Alexander 形成了强烈对比,因为继母教"我"去占小便宜,要"我"处事圆滑,她是自私自利、贪婪和势力的代表,而 Mr. Alexander 是无私、包容和真诚的人。他们一家和"我"一家形成了对比,他们一家充满和谐和爱,但是"我"一家充满矛盾。父母对"我"的未来和教育漠不关心,不让"我"上一个好的大学,也不给我钱花,这样的父母是失败的。

例3:学生 YPP 欣赏文学作品中的环境描写

And the way the wind worked in the canyon, the snow drifts were always extra deep right in their front yard. The snow from the whole canyon would pile up there, when it drifted loose in the wind, and cover just about anything, even the front porch.

文学欣赏:这几句话写出峡谷寒风呼啸、雪花于风中飘舞、大雪覆盖峡谷之景,表现出环境的恶劣和寒冷,也衬托出主人公冬季去 Ruby 家的不易。

例4:学生 CDY 的文学欣赏

小说中的景物描写很多时候与人物情感有关,也可以点明当时情境,生动的景物描写可以让读者如临其境和感同身受。如三十六段描写 Ruby 的生活

环境,生动地描写出一个脏乱不堪的房子,体现出这个老人不能料理好自己的生活。再如四十一段描写峡谷中的雪景,写出了雪下很大的特点,也证明了峡谷中生活环境确实很差,为后来 Ruby 女儿接走 Ruby 增加了可信度和合理性,也埋下了伏笔。

例5:学生 HYY 的文学欣赏

具体场景描写:The road gets real twisty and dark, because the canyon is deep. You can always hear the creek rushing down below you. You have to be really careful and listen for cars, because it's hard to hear them over the sound of the creek, and the mail lady drives on the wrong side.

文学欣赏:道路弯曲、黑暗。峡谷幽深,你可以听到小溪湍急而下的声音。你必须要非常仔细才能听到汽车的声音,因为在这溪水声音下很难听到汽车声。这些细节描写写出了水流湍急、山路崎岖和山势陡峭的场景,让读者能够身临其境,这留给读者无限遐想空间,为后文雪势不受控制、Ruby 女儿考虑 Ruby 安全而将她接走埋伏笔。

Sometimes on a Saturday morning the sun just comes down as far as the tops of the trees, making them gold. And if you ride too fast, your lungs get burned from the cold air. You mostly go through blue light, the shadows of the mountains.

文学欣赏:用夸张和比喻手法,从视觉和触觉感受表现出清晨山间特有的寒冷。早晨太阳升起的时候,阳光从树顶洒下,普照大地,呈现一片金灿灿的景象。骑自行车之快,感到肺部在燃烧。有时候我们描写环境时,可以从侧面描写,间接表现环境的特点。阅读文本后你脑海中能想象出作者描述冬天寒冷清晨的阳光,人疾驰在大山中的场景,我陶醉其中,身临其境,自得其乐,这大概是阅读的魅力吧!

三、结论

以上的一系列文学阅读、理解和欣赏的过程都基于文学家上笙一郎(1983)提出的5种文学能力要素。学生只有具备这些能力才能够更好地解答基于读者反应多维度问题链的问题,更好地理解和欣赏文本。

本次文学阅读结果证明参加文学阅读的学生在读者反应理论的指导下,获得了日本儿童文学家上笙一郎(1983)提出的5种文学能力要素。文学能力要素是文学阅读的特点,是文学作品阅读特有的认知过程和表达方法(Eagleton, 1983)。因此,在开展文学欣赏时不但要关注文学文本内容,而且要关注文学作品的呈现方法和表现手段(Eagleton, 1983)。

学生在欣赏文本的过程中培养了自己使用语言表达思想的能力,这又进一步提高了学生的阅读和写作能力,从而培养了学生欣赏英语文学作品的能力,这也在一定程度上丰富和发展了学生的经验,培养了学生思考、交流、评价和推断的能力。

学生丰富的读者反应证明参加文学阅读学习的学生在一系列活动中体会了文学作品的文学教育和文学教学功能。在获得这些学习成就感的过程中学生也获得了文学能力要素、情感和价值观要素方面的学习成就感。

第四节　形成了国际理解和跨文化能力

一、外语教学中的文化研究

阅读外语文学作品是外语教学中的重要教学内容。学生通过阅读外语文学作品可以有很多收获,例如帮助语言习得、培养批判性思维和学习外语文化知识(Belcher and Hirvela, 2000; Parkinson and Thomas, 2000; Hall, 2015)。外语文学作品除了提供语言输入和阅读技能训练以外,还对培养学生跨文化交际能力有着重要作用,因为文学是文化的结晶,学生在多元文化环境中阅读文学作品不但可以认识本国文化价值,还可以培养理解和尊重异国文化的能力(王泉根、赵静等,2006),这方面已有大量的实证研究(Picken, 2005; Early and Marshall, 2008; Macleroy, 2013)。阅读可以提高对其他文化和背景的敏感度(Langer, 2011)。但是现有的大部分外语文学教学实证研究是在大学开展的(Lao and Krashen, 2000; Beglar, Hunt, and Kite, 2012),在中学开展的外语文学阅读教学研究很少。由于中学是世界上学习外语的主要场所之一(Paran, 2008),有必要开展中学生阅读外语文学作品的研究。

在学习西方文学作品时,学习者自然会遇到文学作品所表现的不同文化视角。所谓文化视角即各种文化中与世界信念和价值观有关的取向,例如几乎所有文化都有金钱、财富、青年、老年、独立、自由、友谊、勤奋、自尊等价值元素

（Sitaram and Cogdell，2007）。但是这些元素在各个文化中所占的比重是不一样的，在不同文化区域内的重要性可使用等级表示。学术界对比和研究不同地区人们所持有的文化价值观，也研究各种文化差异背后的深层次原因。Sitaram 和 Cogdell（2007）编制了一个文化量表，用来反映各种价值观在不同文化中的地位。该量表展现了 30 个价值观在西方、东方、非洲、黑人、穆斯林文化中的等级排序。

　　Sitaram 和 Cogdell（2007）认为，文化价值观指某种文化对世界的不同感受，它包括这种文化内人们所持有的信念和态度，可以分为一级、二级、三级和忽略不计这 4 个等级。一级价值观表示这种观念在某一种文化中具有至高无上的地位，拥有这种等级的价值观的人们愿意以一切代价来获取想要的东西，甚至不惜献出生命。二级价值观表示某种文化内人们认为这种观念是必须要有的，但是没有达到为之献身的重要地步。三级价值观表示某种文化内人们认为这种观念是可以需要的。忽略不计为文化价值观的第四级，这种价值观在文化中可有可无。

　　Bennett（2017）研发了跨文化敏感性发展模式来解释人们怎么体会和应对跨文化交际过程中的文化差异，这包括 2 个维度和 6 个方面的内容。这 6 个方面的内容是拒接阶段、防御阶段、差异减少阶段、接受阶段、文化调试阶段和文化融合阶段。前三者强调本民族的文化价值和处事方法高于其他民族，视文化差异为威胁，这对学生跨文化能力的形成是不利的，后三者把文化差异看作挑战，这有利于学生跨文化能力的形成。

　　学术界认为，阅读外语文学原著作品可以培养青少年学生的跨文化意识，培养他们对多种文化的移情和容忍能力（Ghosn，2002）。在阅读外国文学作品时，学生会遇到文化现象和历史信息的解读问题，要让文学作品发挥其应有的育人价值，学生需要在教师的引导下逐步地提升对这些现象的分析和对比能力，因此，教师首先必须理解青少年是如何解读外国文学作品中的文化和历史现象的。

二、学生阅读文学作品形成了国际理解和跨文化能力

　　笔者试图研究以下问题：中国高中二年级学生怎样解读西方文学作品中的某些文化价值观，学生在教学互动后的文化视角是否发生变化以及变化原因是什么，学生在阅读西方文学作品的过程中是否可以形成跨文化能力和国际理解

能力,等等。

　　笔者选用一篇题为 *The Washwoman* 的英语短篇故事。它讲述了一个犹太老妇人在年老和病重时,还辛勤地洗衣服来养活自己。她遵守诺言,冒着大雪把洗好的衣服及时送来。她儿子尽管很有钱,但是对母亲不闻不问,甚至也不请母亲参加自己的婚礼。但是老母亲无怨无悔,仍然深爱自己的孩子。文本讴歌奋发进取的精神,弘扬负责任、勤劳、自立自强、母爱等伟大品质。笔者对学生的课堂讨论、小组汇报、师生互动和访谈进行全程录音和录像。笔者对收集到的学生所有资料和视频进行如实整理和转录,最后获得了学生的所有语料。笔者首先反复阅读文本和学生语料,分析学生在阅读讨论中所使用的关键词,然后提取出学生所表达的价值观,再把这些价值观与 Sitaram 和 Cogdell (2007)文化量表中的 4 个等级、30 个价值观进行比对。笔者最后选取了英语文学作品中所体现的价值观和学生的价值观。被提取的学生价值观有:感恩、尊严、尊重年轻人、尊敬老人、奋发进取、母爱、上帝、忠诚、谦逊和责任。研究发现如下。

(一)师生互动教学前后学生解读视角的变化

　　师生互动教学前后学生解读视角发生了如表 6.3 所示的变化:参加文学阅读的学生在师生互动教学之前采用了东方文化视角解读西方英语文学作品,尤其是根据儒家文化价值观解读和理解文本。笔者通过分析学生在课堂教学互动后的语料,发现在师生互动教学后,学生开始使用西方文化要素解读西方文学作品,部分学生开始形成了国际理解能力和跨文化能力。

表6.3　师生互动教学前后学生解读视角变化对比

价值观	根植文化 (东/西方)	频次 (百分比)	课堂师生互动频次(百分比)		解读视角	变化
			互动前	互动后		
母爱	东方	21(8.11%)	12(7.55%)	9(9.00%)	东方独有	东方文化增加
尊敬老人	东方	67(25.86%)	42(26.41%)	25(25.00%)	东方独有	东方文化减少
感恩	东方	60(23.16%)	45(28.30%)	15(15.00%)	东方独有	东方文化减少
奋发进取	东西方	30(11.60%)	10(6.29%)	20(20.00%)	东西方	东西方文化增加
责任	东西方	34(13.12%)	17(10.69%)	17(17.00%)	东西方	东西方文化增加
尊严	东西方	33(12.73%)	27(16.98%)	6(6.00%)	东西方	东西方文化减少
谦逊	东方	9(3.47%)	6(3.78%)	3(3.00%)	东方独有	东方文化减少

（续表）

价值观	根植文化 （东/西方）	频次 （百分比）	课堂师生互动频次（百分比）		解读视角	变化
			互动前	互动后		
忠诚	西方	1(0.39%)	0	1(1.00%)	西方独有	西方文化增加
上帝	西方	2(0.78%)	0	2(2.00%)	西方独有	西方文化增加
尊重 年轻人	西方	2(0.78%)	0	2(2.00%)	西方独有	西方文化增加
总计		259(100%)	159(100%)	100(100%)		

（二）学生解读文学作品的文化视角和学生的跨文化能力是变化的

教学互动前,学生解读英语文学作品时还没自觉意识到英语文学作品讲的是西方故事,表现的是西方价值观,因此学生没有使用西方文化价值观解读西方作品,没有流露出跨文化能力的迹象。教学互动后,学生在解读英语文学作品时,使用东方文化要素解读西方文学作品所承载的价值观,这占互动后所有频次的52%,这证明仍然有大量学生没有形成跨文化能力。但是笔者很高兴看到2个变化:①学生使用东方文化和西方文化中共同的文化要素解读西方文学作品所承载的价值观,从互动前的33.96%发展到互动后的43%,这证明可能有更多的人从西方文化要素的视角解读西方文学作品,一部分学生可能形成了跨文化能力;②互动后学生使用西方文化要素解读西方文学作品所承载的价值观,这占互动后所有频次的5%,证明有小部分学生通过教师的引导,开始自觉尝试使用西方文化要素解读西方文学作品,同时,这些学生采纳的这种对待文化差异的方法对他们的跨文化理解是有帮助的,这也证明这部分学生已经形成了一定的跨文化能力。

（三）文化解读视角是多元的,教师引导是有价值的,但是价值是有限的

阅读文学作品的学生采纳了4种方法解读西方文学作品。第一,教学互动前,学生不知道西方独有的文化要素和东西方文化中共同的一些文化要素,所以学生习惯使用东方独有的文化要素解读西方文学作品。即使使用东西方文化中共同的文化要素解读西方文学作品,学生也并不清楚他们是在使用东西方共享的文化价值观解读故事,他们仅仅是碰巧采用了和西方文化相通的文化价值观。所以,学生还是以东方文化视角先入为主地解读西方文学作品。第二,

在教师引导下,教学互动后,尽管少数学生知道了西方文学作品承载了西方价值观,但是仍然有部分学生使用自己熟悉的东方独有的文化要素对西方的文学作品进行解读。这也很正常,因为学生从小生活在东方文化氛围之中,学生在东方文化中形成了一些定型观念。由此可见,文化基础对学生理解文本和形成跨文化能力的影响是巨大的。第三,教学互动后,更多学生使用东方文化和西方文化中的共同文化要素解读价值观,这证明有更多学生在教师引导下,开始尝试使用西方文化要素解读西方文学作品,部分学生形成了一定的跨文化能力。第四,教学互动前,没有学生使用西方独有的文化要素解读西方文学作品,但教学互动后,少部分学生采纳西方独有的文化要素解读了西方文学作品。这也证明学生开始意识到应该使用西方文化要素解读西方文学作品中传递的西方价值观。

通过以上分析,笔者发现学生采纳自己成长中熟悉的中国文化、学校文化(高考文化,"育分"文化)和身边的主流文化解读西方文学作品中的道德价值观,这再次印证了 Enciso 在 1994 年的文学教学发现:阅读者依靠自己成长的主流文化在文学讨论等过程中解读异文化的文学作品中承载的价值观(Enciso,1994)。大部分的学生强调本民族的文化价值和处事方法高于其他民族,这对跨文化能力的形成是不利的。只有少部分学生形成跨文化能力。同时,中外文化有相通之处,从中国文化的视角和语境解读外国文学作品中承载的文化的方法也是应该值得倡导和鼓励的(刘国清,2019),但是教师一定要告诉学生应该采纳解读西方文化价值观的方法理解西方英语文学作品中所承载的价值观。

文学教学也证明影响学生形成跨文化能力的因素是多元的,仅仅依靠教师在课堂的引导来帮助学生形成跨文化能力是远远不够的。学生在阅读英语文学作品时应该知道怎样使用西方文化要素解读西方英语文学作品中所传递的西方价值观,学会使用文化移情,设身处地体会西方英语文学作品中所传递的西方价值观,通过阅读和写作的语言输入和输出提高英语语言能力和跨文化交际能力。如果学生没有这样做,英语教师有义务和责任引导学生采纳西方文化要素理解西方英语文学作品和帮助学生形成跨文化能力。但如果教师也不懂文化的差异,学生也就缺少获得跨文化视角的一种有效途径。因此教师的教学引导有利于帮助学生多元化解读西方英语文学作品中所承载的文化要素。Rader(2018)指出,教师和父母应该一起在课堂、学校、社区等一切有利于学生成长的环境中对学生进行有意识的跨文化理解教育,有意识地培养学生在全球环境下生存和工作所必需的价值观、态度和信念,培养学生爱、善良、平等和可持续发展的品格。

三、学生获得的读者反应培养了其国际理解能力和跨文化能力

学生在文学阅读过程中通过形成丰富的读者反应的方法提高了他们的国际理解能力和跨文化能力。教师在研究中发现学生在解读西方英语文学作品的过程中解读文化的视角发生了一些变化。在师生教学互动前,学生采纳中国学生深受影响的中国文化和高考亚文化,并采纳东方和西方文化共有的价值观(例如奋发进取、责任和尊严)解读西方英语文学作品中所承载的价值观。首先,Sitaram 和 Cogdell(2007)的文化价值观量表表明,西方文化不太重视尊敬老人,因此,当儿子长大成人,母爱并不是成年孩子所重视的文化价值观。相反,西方文化强调尊重年轻人,因此老人对儿子的不孝敬行为毫无怨言。但是参加文学阅读的中国学生深受中国孝文化影响,30 名学生对不尊敬老人的行为感到愤慨。他们认为儿子对老人的不孝敬行为是可耻的。例如,学生 HCY在读者反应中写道:**"树欲静而风不止,子欲养而亲不待。"**母亲尽管没有被儿子邀请参加婚礼,但是仍然来到教堂偷偷地从远处观看了婚礼。学生被母亲行为打动,许多学生认为母亲充满母爱和善良。教师分析语料后发现学生在互动前的话语中表现的尊敬老人、感恩、谦逊、母爱的价值观占互动前所有频次的66.04%。学生的话语中大量出现类似**"百善孝为先、羊羔跪乳、乌鸦反哺"**等反映孝文化的语言。其次,在师生互动前,参加文学阅读的学生采纳东方和西方文化共有的奋发进取、责任和尊严的价值观解读西方英语文学作品。在 159 次文化要素分析中这三项合计出现 54 次,占互动前所有频次的 33.96%。学生在读者反应中反复使用独立、自立、坚持、坚强、有责任、活得有尊严、尊敬等词汇来表达他们对文本的理解。学生在语料中反复提及儒家文化中的**修己安人,**学生认为只有提高自己的修养和素质,才能赢得别人的尊重。学生认为洗衣工修己安人的行为是赢得别人尊重的基础。尽管西方英语文学作品也在讴歌人类尊严(尊严是东西方文化的共同价值观),但是,学生并不清楚他们是在使用东西方共享的文化价值观解读故事。教师通过访谈发现学生仅仅是碰巧采用了和西方文化相通的文化价值观解读西方英语文学作品。

研究发现参加文学阅读的学生基于儒家文化视角理解西方英语文学作品

中承载的价值观。例如,学生经常使用**"天行健,君子以自强不息""自强不息,厚德载物"**等话语表达自己对洗衣女工行为的尊敬。在教学互动前,学生还是喜欢使用他们熟悉的东方文化要素先入为主地解读西方英语文学作品。最后,在文学教学收集资料的过程中,教师发现没有一个学生从"上帝""忠诚""尊重年轻人"的角度来理解西方文学作品中承载的这 3 个西方独有的文化价值观。这证明非常有必要给学生有目的性地开展陌生价值观教育(Rader,2018)。只有教师给学生开展了陌生价值观教育,学生才能够获得更加丰富的读者反应,才能够更好地培养国际理解能力和跨文化能力,才能更好地成长。

同时,学生在教学互动后解读西方英语文学作品中的价值观的文化视角发生了一些变化。例如学生在阅读文学作品 The Washwoman 时,在教学互动前后的文化视角产生了变化,变化原因是课堂教学互动后学生能够更多地使用西方文化要素解读西方文学作品。课堂教学互动前,学生采取 105 次(约占互动前所有频次的 66%)基于尊敬老人、感恩、母爱、谦逊的东方文化要素解读西方文学作品,但是在课堂教学互动后,学生仅采取这些东方文化要素 52 次(占互动后所有频次的 52%)。在师生互动教学以后,学生采纳减少东方文化要素,而增加西方文化要素的方法来解读西方文学作品,学生尝试站在作者的立场上看待故事。但是,52% 的比例,也反映本国文化对学生的深刻影响。学生还是习惯用自己的本国文化解读西方文学作品中传递的价值观。在师生互动教学后的 100 次文化要素分析中,责任、尊严和奋发进取合计出现 43 次,占互动后所有频次的 43%,这高于互动前的频次,证明学生在参加文学教学后更多地采取了东方和西方文化共同拥有的文化要素解读文本。学生 MPH 写道:"在老师引导后,我进一步发现老妇人有坚定意志、强大内心和独立精神。"学生 LJY 写道:"互动前,那个不孝儿子的举动使我为老妇人感到愤愤不平。老师讲解后,我感觉整篇文章都在闪烁着老妇人的光辉,她是十分独立、坚强、有很强责任感的伟大女性,我们不能先入为主,按照我们的文化解读西方英语文学作品。"学生 LCM 写道:"听老师讲了以后,我又理解到新内容,父母的爱永远是最伟大、最包容和最善良的爱。"学生 MSZ 写道:"她很忠诚,即使危在旦夕,也不忘承诺,大雪天把衣服按时送来。"学生 NFS 写道:"上帝给我一双黑暗眼睛,我将用它去发现世界的光明。"

教师发现影响学生解读视角变化的根源是学生采纳母语文化中的价值观和西方文化价值观解读西方文学作品。

教师进一步思考：师生互动后,学生能够更多地使用西方文化要素解读西方文学作品,造成这一变化的原因是什么？ 为了搞清楚原因,教师和参加文学阅读的学生进行访谈,发现是教师引导学生使用了奋发进取、尊严、尊重年轻人、上帝等价值观帮助学生解读西方文学作品。

研究发现学生解读西方文学作品的文化视角和学生的跨文化能力是有关的。一部分学生在阅读西方文学作品的过程中获得了一定的国际理解能力和跨文化能力。总之,学生在阅读文学作品时不管是采纳东方文化价值观还是西方文化价值观解读西方英语文学作品,都能够形成丰富的读者反应,明白文学作品中承载的价值观。因此学生在阅读文学作品的过程中获得的读者反应是帮助学生健康成长的源泉。

四、培养学生理解和欣赏西方文学作品中所承载的价值观的路径

面对以上结论,我们不禁要问,既然教师的价值有限,那还有其他方法可帮助学生理解和欣赏西方文学作品中所承载的价值观吗？ 笔者建议采纳以下 5 种方法帮助学生。

第一,培养教师跨文化视角和跨文化视角分析能力。文学教学证明影响学生跨文化视角变化的因素是教师的引导,因此在培养学生跨文化能力时,教师的跨文化视角和跨文化视角分析能力起关键作用,因为文化在语言和思想的互动过程中扮演基础的角色(Kramsch and Kramsch,2000)。

第二,培养学生跨文化能力时需要改变学生的定型观念。陈向明(2004)认为人们会潜移默化地以本民族文化模式为基准评价其他民族文化,这使人们对异文化产生先入为主的偏见。因此学生在解读文学作品中所承载的价值观时要反对定型观念。同时教师有义务和责任培养学生对异国文化持开放的态度,帮助学生体会文化差异,坦然面对文化差异的挑战,形成跨文化能力。

第三,教师应该培养学生的国际理解能力。尽管学生会情不自禁、先入为主地使用本国文化解读异国文化中的价值观(Littlewood,1986),但是这有可能帮助学生形成对异国文化的容忍和理解(McKay,1982)。因此,学校应该开展国际理解教育,追求内在和谐统一,从"和而不同"到"异己间共生",承认差异性和有限性(姜英敏,2015)。学生应该根植自己成长环境中的文化,理解文本中的文化内涵,比较文化的异同,建构自己的文化意识,形成跨文化理解能力和沟通能力。

第四,教师应该告诉学生采纳西方文化价值观理解西方文学作品中所承载的价值观。例如因为学生可能不知道西方文化和西方的价值观,教师在教学的过程中应该有意识地开展西方文化和价值观教学,否则就会形成"张冠李戴""牵强附会"的解读,生硬地将读者的母语文化框架套到西方文学作品上,强行给西方的作品带上东方文化的"帽子",这种现象在我国的外国文学和外语教学圈子里并不鲜见。究其原因,就是我们的外语教师缺乏西方文化的知识,凭本能把东方文化套到了西方的作品解读中。

第五,学生应该坚持应用读者反应理论阅读外语文学作品,形成多元反应;教师应该帮助学生在事实性知识的学习中构建价值观知识,在面对人生冲突和选择时提升道德判断和行为抉择能力(沈晓敏,2006)。

五、三角论证

为获得充分的证据证明学生在阅读英语文学作品的过程中可以获得国际理解能力和跨文化能力,笔者通过分析学生课程汇报和问卷调查的方法形成三角论证,得出研究结论。

学生在文学阅读学习结束后的课程汇报中被要求回答如下问题:"参加阅读文学作品的教学活动能够帮助你学习英语文化知识吗? 为什么?"

例1:学生 PMJ 的答案

在学习作品 *She* 时,通过"我"对继母的评价可以看出两人之间的矛盾有一部分是文化冲突造成的,哪怕说着同一种语言,两个不同地区的人们也存在极大差异,我们要适应文化冲突,形成文化理解,容忍文化差异。

例2:学生 LMZ 的答案

我了解到了一些国外习俗和生活。多篇英语文学作品告诉我们国外很注重培养孩子的独立自主能力,因为好多文学作品中的主角都在打工,国外小孩积极向上和自立自强的品质值得我们好好学习。比如文学作品 *The Pill Factory* 里女孩具备的坚持、毅力、决心等品质。

笔者通过分析学生的课程汇报,发现部分学生能够理解和认同西方文化,或者说,部分学生能够接受西方文化。因此,在读者反应理论多维度的教学目标和评价目标的引导下阅读英语文学作品的过程中,部分学生具备了国际理解能力。

例3:问卷调查

笔者在文学阅读教学结束时对学生进行了问卷调查,①～⑤分别代表完全不同意、不同意、基本同意、同意、完全同意。问卷调查问题和结果如下:

(1)文学阅读可以增加我的文化知识,培养我的跨文化理解能力。(　　)

(2)我在阅读过程中理解和意识到中西不同文化,认同其他人和其他文化,承认文化多样性。(　　)

笔者分析题1的问卷后发现28名参加问卷调查的学生中,有27名学生认为文学阅读可以增加自己的文化知识、培养自己的跨文化理解能力。5名学生选择完全同意,19名学生选择同意,3名学生选择基本同意,1名学生选择完全不同意。学生在5分等级量表中平均分为3.96分,这也证明了学生同意文学阅读可以增加学生的文化知识,培养其跨文化理解能力。

笔者分析题2的问卷后发现28名参加问卷调查的学生中,有5名学生选择完全同意,19名学生选择同意,3名学生选择基本同意,只有1名学生选择不同意。学生在5分等级量表中平均分为4分,这也证明学生在阅读过程中理解和意识到中西不同文化,认同其他人和其他文化,承认文化多样性。

六、结论

笔者真实、客观地描写了学生解读西方英语文学作品中所承载的价值观时的方法。笔者分析参加文学阅读学生所有的语料后发现学生阅读英语文学作品后获得了一定的文化学习成就感,部分学生理解和意识到了西方英语文学作品中承载的价值观,学生获得了一定的国际理解能力,部分学生形成了跨文化交际能力和多元文化价值观。

第五节　收获了多元成就感

一、学生从功利性"育分"阅读到收获多元成就感

现在高中教学过程中的"育分"是功利性和目的性的学习。"育分"指学生的学习目的只是考试分数,这是典型的应试教育。本书中育人的意义指学生在阅读文学作品后体会了文学作品中承载的价值观,收获了积极的人生态度和学习成就感。

笔者在本节通过观察日志、问卷调查、访谈等方式展示学生如何从功利性"育分"阅读到收获英语学习成就感和人生成长的多元成就感。

(一) 观察日志

笔者在文学阅读过程中观察学生后及时采纳观察日志的方式记录观察。本部分日志按照顺序呈现。笔者采纳民族志的"现实主义的故事"的方法真实、客观地描写了学生在高考唯"分数"论的亚文化中阅读英语文学作品后态度的变化。

2017 年 9 月 3 号　星期天　晴

今天晚上我招收了第一批参加文学阅读的学生。晚上 6 点到 8 点,我一边阅读 30 名学生的读者反应和阅读理解答案,一边认真地分析学生阅读理解答案的正误、读者反应和学习态度。我发现只有 20 名学生按照我的要求认真地完成了我布置的试测作业。我选择了 20 名学生参加面试。我想通过和学生当面的交流来进一步了解学生的读者反应是否是基于他们对文学作品的理解和自己的思考所写作的。从 8 点到 10 点,我在学校的三楼办公室和每个学生进行了详细的访谈,在我一系列的追问下,学生讲解了他们对文学作品的理解,讲解了文学作品对自己的启发。1 位英语老师对我们的访谈进行了全程摄像。

我最后结合学生以下表现选择了 18 名学生为第一批文学阅读的学生:笔试中回答问题的质量;读者反应的理解程度和写作规范程度;访谈过程中学生是否理解了文学作品、明白了文学作品中承载的道理。

笔者在访谈过程中问每个学生:"请问,你参加学习的目的是什么?"所有学生都回答了这个问题。笔者选择有代表性的 4 名学生的回答如实转录。

学生 ZLJ:我准备从事与英语相关的工作,得知今天有这样免费学习的机会,我赶快来了。

学生 MPH:我听我们班主任和英语老师说,多阅读对我们英语成绩提高有帮助,我现在的英语只能考 135 分左右,**希望成绩能够再提高点,我想考一所北京或者上海的重点大学。**

学生 ZXJ:我是英语课代表,我很喜欢大量做题,我听我们英语老师说你是英语阅读理解和完形填空教学专家,你的教学可以帮助我们在这两个方面拿满分。**我很想在每次考试中取得完形填空和阅读理解两个题型的满分。**

学生 ZH:我喜欢阅读文学作品,但是我英语不是特别好。我想利用这个机会帮助我的英语学习。说实在的，**我希望通过学习，我的考试分数能够高点。**

这些学生参加文学阅读的目的是考高分，学生"育分"动机很强烈。文学阅读一开始就被"育分"所绑架。

2017 年 9 月 24 号　星期天　雨

今天我在上课的时候发现教室里多了一个男学生。为了不影响上课，我没有问他的名字和来上课的理由。下了课，我单独把他留下来聊了一会儿。通过和他的交谈，我知道他来上课的原因。他是高二清华和北大班的学生，他得知他的好朋友参加了我的英语文学阅读课程，他看了那些文学作品和询问上课的方式后，认为阅读文学作品和上课的方式很有意思，**因此他不顾班主任和父母的反对，悄悄来到了我的课堂。**

2017 年 10 月 10 号　星期二　晴

今天我实现了一次课讲一本书的梦想。这次课，我带领学生完成一篇文学作品的阅读和欣赏，学生讨论很激烈，各小组从不同角度汇报了他们的读者反应。我发现学生的思考有深度。县里和市里的两个英语教研员来听课了。

晚上，我在学校操场跑步时，遇到了参加文学阅读的学生 LCM。我们交谈了一会儿，下面是谈话的转录：

教师："现在学习紧张不，英语还好吧，你怎么看待英语文学课的？"

学生 LCM："现在学习很紧张，我英语考试成绩一般，这两次考试在 130 分以上。**我认为文学课程很好，这课程对我思维的帮助很大**，比如，我在阅读文学作品 *The Golden Touch* 时，在和同学交流、与老师进行课堂互动前，我只考虑到老人对子女无私的爱和贪婪的一面。但是通过和同学、老师的交流，我认识到这个世界应该是多元的。如果世界单一，就会出现文学作品中的灾难。我们应该从多角度思考问题，树立多元世界观和生活的态度，不要一条道走到黑。**这次阅读还可以带我们慢慢思考人生，而不是仅仅为了考高分，这也可以缓解比拼分数给我们带来的巨大压力，说实在的，我找到了一个心灵放松和寄托的港湾，我越来越想阅读文学作品了。"**

阅读可以缓解现实紧张学习的压力，成为自己心灵放松和寄托的港湾。学生越来越喜欢阅读文学作品，实现了从阅读到"悦读"的变化。

2017 年 11 月 19 号　星期天　暴雨

我今天在参加文学阅读的班级收英语作业时，一个学生悄悄给我一个纸

条,我回家赶快记录学生的内容,内容如下:

老师,感谢你给我们这次学习的机会,**我很喜欢这些文本。** 我今天反复阅读这个文学作品,这个文学作品触动了我们这些寒门子弟的内心。我回忆起了童年时代父母含辛茹苦地工作,想起了母亲为了给我们读书交学费而四处借钱,回忆起母亲卖了父亲修车时唯一的千斤顶和一家人卖掉舍不得吃的鸡蛋来凑我学费的场景。

学生已经形成了布卢姆提出的价值概念化的情感目标,因为学生能够把学习到的价值和自己已有的价值观进行联系(克拉斯沃尔、布卢姆等,1989)。这也符合布卢姆情感领域的满意反应:行为伴随一种满意的感觉,一种愉快、兴奋的情绪反应(克拉斯沃尔、布卢姆等,1989)。学生在阅读过程中形成了丰富的读者反应,触发了内心情感,学生自己越来越喜欢阅读文学作品,实现了从阅读到"越读"(越来越喜欢阅读),再到"跃读"(踊跃阅读)的变化。

2017 年 11 月 20 号　星期一　晴

今天第二节课,我到参加文学阅读学生的教室去听他们英语教师的阅读课。第一节课下课铃声刚刚结束,我就来到了教室,**我发现好多学生在课间没有休息,她(他)们正在阅读英语文学作品,**学生一边看,一边做笔记。我认真数了一下,发现教室里有 13 名学生在阅读文学作品。我来到学生身边,和两名学生聊了起来。**她们告诉我现在学习时间特别紧张,她们只能在课间和午休时间,或者晚寝后在厕所灯光下看完文学作品,再挤出时间来完成文学阅读作业。** 看着这批勤奋的学生,我内心无比复杂。

2017 年 12 月 15 号　星期五　晴

今天在散步时,我的手机响了,我一看是一个陌生号码,便把电话挂了。过了一会儿,电话又响了,我接起电话,听出是参加文学阅读的学生 ZL 的声音。在电话里她跟我请假,**告诉我她家里出了重大事情,她本周不能够来参加文学阅读课,作业已经完成好了,她在贵州,只能够通过邮箱给我发作业。** 同时**她请我把下次上课的文学作品和作业通过邮箱发给她**。我把我的邮箱告诉了她。刚刚散步回家,我打开邮箱,收到了她的作业,发现她很认真地完成了作业。

2017 年 12 月 24 号　星期天　晴

今天是平安夜,我刚刚给参加文学阅读的 40 名学生(包括退出实验的学生)每人发 4 个苹果、1 个香蕉和 2 个桔子。在给学生发完水果后,我发现好多学生又给我上交了第二次读者反应和阅读理解答案的电子和纸质文档。我很感谢这些可爱的学生。

在 10 月份，我在和学生的一次交谈过程中，他们知道我每天为了整理学生的文学阅读语料，经常工作到凌晨两三点。**参加文学阅读的学生主动提出，他们给我交电子文档，这样可以降低我的劳动强度，让我更好地备课和教学文学阅读课程。** 当学生发现我在犹豫的时候，文学阅读班级的英语课代表马上说："老师，我们先写出纸质文档，你看了我们的作业，认为合格以后，我们再把纸质文档如实地转录为电子文档，再把纸质和电子的文档一起交给你。"

看着学生如此真诚，我最后同意了学生的意见。从那以后，我把家里 4 台笔记本电脑给学生使用，同时学生也利用他们教室的 2 台电脑认真完成文学阅读作业。有的学生使用自己的手机和平板把作业转录为电子文档给我。他们每次按时交给我纸质和电子文档。

祝福这些可爱的学生四季平安，在新的学年学习更上一层楼。

2017 年 12 月 31 号 星期天 暴雨

今天高三进行第一次市级的模拟考试，我认为高三的 CDY 学生肯定不会来参加文学阅读课的学习。当我的课程上了一会儿，我发现门外有人在敲门，我一打开门，CDY 同学满脸通红，气喘吁吁地跟我说："**老师，我们高三考试到 11:30，老师不要我提前交卷，考试结束的铃声一响，我就冲来了。**"我和参加文学阅读的学生听完她的话后，都笑了。

她是我文学阅读研究中唯一能够坚持到文学阅读结束的高三学生，尽管她在高三特别忙，但她每次高质量地完成作业，上课积极发言，只有今天因为考试才迟到。

这些工作日志体现了学生对某一价值的偏好。笔者通过观察后写作观察日志的方式，收集第一手资料，发现学生在刚刚参加文学阅读学习时的主要目的是在考试中考高分。也就是说，笔者招收的第一批学生中许多学生参加文学阅读的目的是功利性的。在文学阅读开始前两周，有学生发现文学阅读不能够在短时间内帮助他们考高分而退出文学阅读。接着，学生越来越喜欢英语文学阅读，有许多学生积极参加文学阅读，认真阅读文学作品，高质量完成作业。然后，学生跃跃学习，例如高三学生在结束考试后立马冲入文学课堂，有学生因为家庭原因不能够上课，但是打电话询问教师邮箱后及时交作业并索要下次新课的文学作品和作业。最后，学生形成了快乐阅读品质。学生在课间、在午休时、在寝室熄灯后还在阅读英语文学作品，完成作业。她们尽管学习时间紧张，仍积极投入英语阅读、讨论、汇报和读者反应写作中。在中午食堂马上要关门时，学生因为没有拿到新的文学作品宁愿挨饿，也不愿意离开教师和教室。学生在得知老师打字太辛苦后，主动提出上交纸质和电子文档，学生只希望教师能够多引导他们阅读英语文学作品。

总而言之，本研究发现参加文学阅读的学生废寝忘食，克服一切困难来参加文学阅读，这证明学生越来越喜欢阅读英语文学作品，他们实现了从阅读到"越读"（越来越喜欢阅读），再到"跃读"（踊跃阅读），最后到"悦读"（快乐阅读）的嬗变。

（二）参加文学阅读目的的问卷调查

笔者为了了解学生参加文学阅读后的目的是否发生了变化，在学生开始参加文学阅读时和学习结束时对学生各进行了一次问卷调查，问卷调查采纳 5 分量表。题目为：我参加文学阅读的目的是在考试中考高分。其中赋分 1～5 分别代表完全不同意、不同意、基本同意、同意、完全同意。

文学阅读教学前后学生参加文学阅读的目的变化如表 6.4 所示。文学阅读教学前，只有 2 名学生参加阅读教学是因为自己爱好文学，但是她们的话语也流露出参加本次文学阅读学习的主要目的是在考试中考高分。文学阅读教学后，完全同意参加文学阅读的目的是考高分的学生大幅度减少，人数从文学教学前的 10 人变化为 1 人。同意和基本同意参加文学阅读的目的是考高分的学生数不变。完全不同意和不同意参加文学阅读的目的是考高分的学生增加了 9 个人。

表6.4　文学阅读教学前后学生参加文学阅读的目的变化

赋分/分	选择人数/人	
	实验前	实验后
5	10	1
4	7	7
3	9	9
2	2	9
1	0	2

本研究发现学生的"育分"意识仍很严重。文学阅读教学前 26 名学生，文学阅读教学后 17 名学生认为"我参加文学阅读的目的是在考试中考高分"，这可能是学生、家庭、教师、学校和社会共同作用的结果。研究发现本阅读教学一开始就被学生"育分"所绑架，文学阅读在育人和"育分"冲突中进行博弈。文学阅读教学后问卷调查的数据表明 9 名学生改变了完全同意参加文学阅读的目的是考高分的观点。

既然以上分析证明参加文学阅读教学的学生的阅读目的发生了变化，那么学生为什么会发生变化呢？哪些方面发生变化？为了解这些情况，笔者对学生进行深度访谈和小组焦点访谈。

（三）深度访谈和小组焦点访谈

在文学阅读教学开始时，笔者访谈参加文学阅读的学生。访谈结论证明大部分学生参加文学阅读是为了考试考高分。

学生 CDY 在深度访谈时讲道："高考题主要是应试题，它的反思功能和欣赏价值没有文学作品那么好。 文学阅读是素质教育，高考阅读是应试教育。"

学生 LZM 在深度访谈时讲道："我认为阅读（英语文学阅读）是可以和语文中阅读小说一样用来消磨时间的，这是一件很轻松、很有趣的事情，不会给我带来压力和烦恼，如 *Mr. Know-It-All* 中剧情起伏使我沉醉其间，它与阅读语文小说一样，能给我轻松和愉悦的感觉，我花费更多时间来阅读。"

笔者在文学阅读教学结束时深度访谈 5 名学生和小组焦点访谈 30 名学生，然后编码学生的语料。笔者采取以下数字代表学生获得的学习成就感：1 代表学生获得了学习能力；2 代表学生获得了文学知识；3 代表学生获得了文化知识；4 代表学生获得了成长和心理帮助；5 代表学生获得了学习成就感；6 代表学生获得了阅读能力、掌握了阅读策略（猜词、模糊容忍度、篇章策略等）；7 代表学生获得想象力、创造力、批判能力，能够辩证分析问题；8 代表学生通过学习能够考高分；9 代表学生获得语言知识。笔者分析学生的话语后发现学生收获多元成就感。

（四）文段整理

笔者收集学生第一次、第二次读者反应和课程学习汇报语料后进行编码。本研究发现学生在阅读文学作品的过程中获得了以下能力：学会了总结文学作品主旨；理解了作者写作意图；提升了阅读速度；理解了句群关系；加深了对文学作品的理解；培养了猜词能力和模糊容忍度；形成了互文能力；提高了阅读和写作能力；学习了文学知识，理解了文章中的大量对比、铺垫、反语、讽刺、排比、伏笔、互文等写作手法；体会了文学写作方法在表现社会环境、人物形象、人物心理、故事结局和文章主旨方面发挥的巨大作用。本研究发现学生在文学阅读过程中收获了英语学习成就感、能力要素和知识要素。

（五）学生成就感的问卷调查

在文学阅读教学结束时，笔者为了解阅读英语的文学作品是否有利于学生成长和是否能够帮助学生获得学习成就感，对参与文学阅读教学的 30 名学生进行问卷调查。问卷内容见附录 1 的第 13 题到第 29 题。问卷调查的方法、数据分析和研究结果请见本章第一节的介绍。笔者得出结论：阅读英语文学作品有利于帮助学生获得英语学习成就感，阅读英语文学作品有利于学生获得成长成就感

二、学生在获得读者反应的过程中获得了英语学习成就感

教师通过分析参加文学阅读学习学生的语料，发现学生在读者反应理论的指导下，获得了日本儿童文学家上笙一郎（1983）提出的 5 种文学能力要素。参加文学阅读的学生在多层次和多回合的阅读、写作和讨论的语言学习过程中采纳联想和想象的方法建构了自己的文学想象，积累了言语活动经验。学生在具体语境下理解、分析和评价语言知识。学生在梳理、归纳语言知识和形成自己英语学习策略的过程中提高了综合运用语言的能力。学生在欣赏文本的过程中不但培养了使用语言表达自己丰富的读者反应的能力，表达了自己的思想，而且进一步提高了自己的阅读和写作能力，从而进一步培养了英语文学作品的欣赏能力。因此学生通过阅读英语文学作品和写作丰富的读者反应，不但在一定程度上丰富和发展了经验世界，而且培养了自身的思考、交流、评价和推断能力，提升了思维水平，从而获得了英语学习成就感。例如教师在文学阅读教学结束时对 5 名学生开展访谈时，问她们："请你们表达一下你们对完成教师规定的一系列教学任务的看法。"学生 LY 这样回答："在你给的问题链的引导下，我发现问题链很利于我阅读文学作品，因为你给出了文章的基本思路，我在带着问题阅读的过程中能够更好地理解文本内容，这也利于我更好地回答你的问题。阅读和写作对我现在的写作有帮助，问题链的引导阅读和回答阅读后问题

的写作使我写作的读者反应更深刻。我现在发现过去我写的东西很肤浅。现在在问题链的引导下,我感觉自己能挖掘更多的东西(例如文本内容、文本中承载的价值观和文本对我成长的影响),我现在写得更多,写作的逻辑更加清晰。因为写作读者反应时需要按照一定的逻辑。我写作的英语语言有一定的进步,我理解文本更透彻一点。这是种新模式,教师主要是在引导,而不是在主导。我认为文学阅读教学的大部分时间是学生在讲,学生在表达自己对文本的读者反应,老师只是抛出一个话题,然后引导大家往那个方面进行思考,反正我是更喜欢老师采用问题链帮助我们形成大量读者反应的方法。"

教师通过分析学生 LY 的话语,发现学生在基于读者反应理论设计的问题链的引导下,通过阅读、思考和写作读者反应提高了英语语言能力,这再次印证了在阅读中提高阅读和写作水平的语言学习规律(李观仪,2005;黄源深,2005)。例如学生 CDY 这样谈到:"我认为只有阅读文学作品这个环节远远不够,因为就算你读了文学作品,感觉自己好像懂得了大概的意义,如果不写读者反应、不完成阅读理解后回答问题的练习,就不会发现自己还有很多不懂的内容。只有通过老师对你的读者反应和对你阅读理解答案的批改,通过学生小组讨论,开展读者汇报和师生互动,才能了解自己是否真正读懂了文本。比如,是否理解文本的内容,是否把握文本中承载的价值观,是否通过阅读文本形成丰富的读者反应。我觉得老师设计的问题链的引导对我的阅读能力的发展有益,在每次写读者反应之前,我们被要求回答一些问题,例如第一个问题都是 main idea(主旨大意),所以我认为这对提炼整个故事的内容是很重要的,这样就可以整体把握文章。阅读后回答阅读理解问题,培养了我们通过阅读开展思考的能力,这可以使我们的讨论有方向,我们可以更好把握文本内容,培养写作能力和概括能力。(问题链)主要是培养逻辑。写读者反应就是要陈述我为什么会这样,你要先给出合理原因,这样才会使人明白你的观点到底是怎么来的。"

教师通过分析学生 LY 和学生 CDY 的话语,发现学生完成教师的问题链有利于学生更好地思考文本内容和内容所承载的价值观,还有利于培养学生的思维能力和写作能力。教师通过分析学生作业的语言和逻辑,发现他们比刚刚参加文学阅读学习时的能力强一些。这在一定程度上证明基于读者反应理论多维度的问题链和随之进行的一系列教学活动能够更好地帮助学生获得学习成就感。

阅读只是一种接受性学习,最终目的是学生必须能够使用学习的语言进行思考,表达自己的思想(李观仪,2005)。而学生阅读英语文学作品后回答阅读理解的问题和写作读者反应是学生表达自己思想的最好方式之一。学习者如果想在阅读英语文学作品、写作读者反应和回答问题链的过程中形成丰富的读者反应,就需要大量地阅读和写作。阅读和写作应该同步开展,读完之后应该写一部分读者反应之类的文字,应该使用刚刚学会的句法和单词表达自己的思想(黄源深,2005),这样会利于学生的英语语言学习,帮助学生获得英语学习成就感。

例如笔者在深度访谈学生 ZLJ 时这样问她:"文学阅读后写作读者反应对你的语文写作和英语写作有什么样的影响吗?"

学生 ZLJ 回答道:"有影响,通过写作把我对文章的理解写出来,这可增进我的语言表达能力。我使用一些刚学的单词和句子开展写作,这有利于我在写作英语作文时,更加流利地写一些句子,同时我可以把文学作品中的一些价值观念移植到语文作文中去,使语文作文更有内涵。"

笔者再问她:"阅读文学文本后使用英语回答问题链中的问题对你的英语学习有帮助吗? 为什么?"

学生 ZLJ 回答道:"有帮助,因为回答阅读理解问题要求使用英语准确地表达自己的观点,这有助于我们在今后的学习过程中更加熟练地使用英语来表达观点,而且如果想准确回答你设计的问题,我们就需要反复阅读文本、精心概括内容、仔细思考和组织语言,而不是像在做高考题和平时考试中那样直接在文本中找答案,也不是在做选择 A、B、C、D 那样的打钩练习。我们要正确回答你的问题,就必须先看懂文本,再综合分析文本内容,组织英语语言,规划逻辑,最后才能够正确表达自己的思想,这是一个复杂的过程。"

笔者在深度访谈学生 MPH 时,她这样回答这个问题:"我之前有个很大的毛病,就是语言很啰唆,并且不能够把观点突出。在回答问题链的时候,我经常看看优秀学生的言简意赅的写作,思考怎么样才能概括和综合,怎样写才能够观点突出。我尽量少写,尽管现在我的意思很简略,但是能够更好地表达我的思想,这次阅读后的写作,尤其是读者反应写作培养了我的思维和逻辑能力。"

笔者在本节讨论学生在一系列教学活动中形成的丰富读者反应,这些读者反应帮助学生获得情感、态度、价值观、跨文化和英语学习方面的成就感。研究证明读者反应是学生获得成就感的源泉,因此教师在引导学生阅读英语文学作品的过程中应该基于读者反应理论,引导学生解读文学作品,形成丰富的读者反应。教师也应该帮助学生在欣赏文学作品时获得文学能力要素和唤起丰富的读者反应。因为文学作品的目的在于唤起不同诠释,而不在于证实某人观点(费希尔,2009)。教师应该帮助读者认识文学作品和生活中所承载的道理,成为有思想的读者(Langer,2011)。教师更应该引导读者在阅读文学作品的一系列活动和多回合的讨论过程中发展他们的认知,加深他们对自我和生活的理解(Langer,2011),启迪现在和未来的生活,培养批判性思考能力和创造力。

三、结论

本节研究发现学生在高考紧张备考氛围中和文学快乐阅读中进行博弈。学生从尝试、观望、退出,到坚持、喜欢和快乐阅读,发生了很大变化。学生完成了从尝试阅读和被动阅读到主动接受阅读、坚持阅读,再到扩张阅读和快乐阅读的阅读情感变化(辜向东、洪岳、杨瑞锦,2017)。研究证明学生越来越喜欢阅读文学作品,实现了从功利性"育分"阅读到"育分、育人"等多元目的结合的阅读的转变,收获了多元英语学习成就感和人生成长的成就感。

第七章　读者反应形成的基础和来源

第七章回答了学生丰富的读者反应形成的基础和来源是什么。笔者发现学生的读者反应主要来源于以下三个方面：第一，学生在问题链的引导下形成丰富的读者反应；第二，学生基于 Langer(2011)提出的文学理论形成了丰富的读者反应；第三，互文性是形成读者反应的丰富来源。第一种方法已经在第六章中有所体现，笔者在此不再赘述。

第一节　读者反应形成的基础：Langer 的文学理论

一、文学想象

文学在人成长过程中发挥重要价值，它可以激发读者的语言创新能力和想象能力，实现意义潜势的多层次转换(Carter and McRae，1996)。文学教育不但可以培养读者理解和欣赏具有独立性和丰富想象力的作品，增强读者的自我修养，发展读者的个性，而且还利于他们在文学理解过程中构建想象，生成多元意义和获得想象性和创造性的文学体验(Langer，2011)。

文学体验(读者阅读材料的过程)和阅读内容同等重要，甚至在某种程度上前者更加重要，因为现在的文学阅读教学应该特别关注读者在具体情景中怎样促进学习变化和发展，怎样培养分析能力、问题解决能力、创造能力、批判能力和建构文本想象的能力(Langer，2011)。

"想象"是指特定的人在特定时刻的理解。它存在于内心世界，因人而异，处于变化和准备变化的状态，在读者的思考中越来越丰富和完善，这被称为"想象构建"(Langer，2011)。"想象"既和读者反应观点不谋而合，也指读者在阅读、写作、讨论或者测试时对文本的理解(Langer,2011)。本书中的想象涵盖这两种解释。因此,了解文学想象的形成就是在了解读者反应的形成。

二、Langer 的 12345 理论

笔者在分析 Langer 的文学阅读理论以后,提炼出 Langer 的 5 条文学阅读教学理论,把它命名为"Langer 的 12345 理论",内容如下。

"1"指文学讨论活动可以培养读者对文本信息的再认、理解、分析和综合评价能力,以及读者的合作和研究能力(Langer,2011)。

"2"指文学理解可分为文学取向和文学体验两大类,共包括 4 种方法:①读者在阅读文学作品时以审美阅读(aesthetic reading)的方式理解文本;②读者以输出阅读(efferent reading)或者信息阅读的方式理解文本;③读者以主观体验的方法开展审美阅读(文学阅读欣赏)——读者通过反思自我和写作读者反应的方式获得更好的内省体验和强化认知,它强调基于读者深厚的生活体验获得个体意义,这利于培养读者的批判性思维和创造力;④读者以客观体验的方法开展信息阅读,它强调读者对个体之外世界的客观和公正的理解,这有利于培养读者的推理能力(Langer,2011)。审美阅读以娱乐和体验为目的,信息阅读以获得意义为目的(Langer,2011),但是二者是一个连续的统一体。相同的文本不但可以作为审美阅读文本,同时还可以作为信息文本,这主要取决于读者的阅读立场(Rosenblatt,1995;Langer,2011)。

"3"指构建文学想象的 3 个因素,即教师、学生和学习共同体(Langer,2011)。

"4"指 Langer(2011)提出构建文学想象的 4 个要素:①学生是想象的构建者和独立思考者,学生和学习共同体的其他成员共同思考,构建文学想象要以学生为中心,教师只是倾听者和引导者;②问题是文学体验的一部分,通过问题深化理解、培养兴趣、拓宽视野、探索未知和挖掘可能性;③班级讨论是促进理解的好机会,因为它帮助学生在自己的理解上反思自我、分享信息、提出问题、探索未知和构建想象;④多角度思考,以丰富文本的解读。这 4 个要素有以下优点:可以帮助学生思考自己不能思考和思考不到的问题;学生在比较自己和他人观点的过程中加深自己对文本的理解;帮助学生进一步阐释已有观点;帮助学生提升回应他人观点的敏捷性。

"5"指 Langer(2011)提出构建文学想象的 5 种方法:①文本之外和进入想

象,指通过自身的知识、经历、文本的表层意义(作者表达的意思)和可以利用的线索构建想象;②文本之内和个体想象,指依靠个体知识、文本知识和社会背景深化认识和启发思维;③摆脱文本和反思认识,指读者不断深入理解文本世界,增加自身知识和丰富自身经验;④想象的抽离和经验的客观化,指通过反思、分析、评价等方法与其他文学作品和经验建立联系,形成文学作品的互文性;⑤想象的转移和超越,指把已有想象中的关键部分应用到新的想象构建体验中,产生十足创造力。这5种方法按线性发展,但有时会因人和情况而变。

三、基于 Langer 的 12345 理论构建文学想象

笔者反复阅读文本,认真分析学生的文学阅读理解过程和访谈等活动的语料,了解学生建构想象的方法。笔者通过分析学生写作的两次读者反应、讨论和汇报的语料,发现学生基于 Langer(2011)提出的构建文学想象的 5 种方法建构文学想象。

(一)3 名学生在文学讨论前后写作第一次和第二次读者反应时构建想象的方法

笔者从 30 名学生中随机选择 ZY、LML、ZLJ 3 名学生构建的想象,举例说明学生在文学讨论前后写作第一次和第二次读者反应时构建想象的方法。研究发现如下。

1. 学生 ZY 在文学讨论前后构建的想象

例 1:学生 ZY 在文学讨论前的第一次读者反应中构建的第一次想象

In my opinion, each member plays an important part in a reconstituted family. And it's significantly important for people to keep a comfortable relationship with family members at least. On the one hand, parents have a responsibility to make the family harmonious. On the other hand, children should adjust themselves to the new condition and avoid doing something that will cause unnecessary conflicts. They should understand the devotion of parents. I believe throughout that living a happy life needs everyone's effort.

学生运用了两种方法:①文本之外和进入想象,因为学生意识到了文学体验意义,实现了对文本信息的理解,分析和构建了想象;②文本之内和个体想象,因为学生通过文本知识深化了认识,懂得了和谐家庭氛围需要每一个成员

的努力来共同营造。

例2:学生 ZY 在文学讨论后的第二次读者反应中构建的第二次想象

第一次阅读后,我只是简单地觉得文中继母是个挑剔和苛刻的人,而通过课堂上与小组同学之间的交流,我对文章中的继母有了新看法。

在现有环境中,她想改变太多事物,以致自己变得惹人厌烦。或许在这之前,她本是轻松自由地过着日子,然而成为这个重组家庭中的一个长辈后,她需要承担一些责任。尽管她想为家人创造一个更好生活条件的心是好的,但是所表现出来的言行举止却过于激进,不太被家人接受。

这都是因为她没有考虑全面。我认为作为一个女性,要慎重地做出选择。所以如果我是文中的她,我不会选择成为那位"继母",因为我觉得自己没有能力和信心处理好和新家庭的关系。

学生运用了 3 种方法:①想象的抽离和经验的客观化,因为学生通过文学交流对人物角色进行了客观评价;②摆脱文本和反思认识,因为学生体会了文学对自己的影响:"我"不会选择成为那位"继母",因为"我"觉得自己没有能力和信心处理好和新家庭的关系;③想象的转移和超越,因为学生形成了自己的婚姻价值观,愿意尝试在感情上接受任何建立在适当基础之上的观点和学说(克拉斯沃尔、布卢姆等,1989)。这证明班级讨论是加深对文本理解的好机会,它帮助学生在自己的理解上进行反思和拓展。

2. 学生 LML 在文学讨论前后构建的想象

例3:学生 LML 在文学讨论前的第一次读者反应中构建的第一次想象

读这篇文章给我最大的感触如下:一方面我很同情这女孩的遭遇,因为她父亲没能给她一个完整的家庭,而后妈又难"对付";另一方面我认为这个女孩自身也有一些性格缺陷,她很叛逆,没有她姐姐听话,自我管理能力也差,面对一个强势的后妈,自然比她姐姐更吃亏。主人公家庭条件并不宽裕,而女孩年龄又不大,父亲对女孩关心不够。妈妈不在了,女孩只能靠自己,她需要培养独立生活的能力,这样也可减少与后妈的矛盾。根据女孩的描述,我认为后妈并没有尽好她的职责,她没有亲妈那么细心。而这个后妈又有点势利,嫌弃女孩穷酸,或许她让女孩洗碗是想培养她的独立性。但对于一个 12 岁的女孩来说,未免太刻薄。

学生运用的方法是文本之外和进入想象,因为学生在完成了文本信息的再认、理解和分析后构建了文学想象。

小说毕竟是小说，在现实生活中大多数后妈也许不像文中这位这么极端，但重组家庭始终有隔阂，尤其是对于青春期的孩子来说，他们正处于成长的重要阶段，该时期是性格养成的重要时期。没有了亲生母亲的关心与呵护，对女孩来说是很残酷的。但是女孩要培养独立的能力，学会自立，还要保持平衡心态，与后妈好好相处。家庭和睦才是最重要的。而后妈也应该多学会关心继女，采取一种更温和、更友好的方式，这才有利于家庭和睦。

学生运用的方法是摆脱文本和反思认识以及想象的转移和超越，因为学生体会到了文学体验对自己人生的影响，形成了批判性思维，能够客观分析和理解文本。

例4：学生 LML 在文学讨论后的第二次读者反应中构建的第二次想象

通过与同学们深入的探讨与交流，我对这篇文章中的人物又有了更深的理解。虽然后妈不太融入这个家庭，比较尖酸刻薄，但是这也并不完全是她的错，她也有一些优点，也许她是为了锻炼女孩的独立能力才让她洗碗的。如果我是后妈，我想我会有不同的选择，也许这个家庭不适合我，我会找一个没有孩子的家庭，这样也避免了不必要的麻烦，也有家庭和谐的可能性。

学生运用了4种方法：①文本之外和进入想象，因为学生在讨论后的第二次读者反应中能够联系文本内容，从多角度思考和分析问题；②文本之内和个体想象，因为学生通过文学加深了对自我和生活的理解，能够换位思考；③摆脱文本和反思认识，因为学生深入理解了文本世界，增加了自身知识和经验；④想象的转移和超越，因为学生形成了自己的婚姻价值观，她不想进入一个有孩子的家庭，渴望和谐的家庭关系。

3. 学生 ZLJ 在文学讨论前后构建的想象

例5：学生 ZLJ 在文学讨论前的第一次读者反应中构建的第一次想象

这篇文章讲述了"我"的父亲找了一个后妈，她要我们搬到她家去住的故事。文本对后妈进行了正面和侧面的描写。首先，后妈有好的一方面：爱干净和爱整洁，愿意分享自己的房子，她对父亲还是爱的。其次，后妈也有不好的一方面：她讲话刻薄，爱指使人，而且明显地流露出对姐姐的偏爱。而"我"作为一个即将进入青春期的少女，面对家庭突如其来的变故，自然会对继母产生抵触情绪，而这个"不速之客"还表现出对"我"的厌恶，"我"内心的复杂情绪可想而知。在这篇文章中，我通过作者细腻的文笔感受到了青少年复杂的心理。

学生运用的方法是文本之外和进入想象，因为学生能够客观和全面地评价继母,多角度思考和讨论问题,形成了辩证和多元分析问题的视角,学生在完成信息再认和理解的基础上构建想象。

例6:学生 ZLJ 在文学讨论后的第二次读者反应中构建的第二次想象

我再读这篇文章,颇有感触。首先,从客观角度看,继母这个角色真不容易。作为一个后妈,你需要对一个不熟悉的孩子担起一个母亲的责任,还要妥善地处理好与孩子和丈夫之间微妙的关系。

其次,作为孩子,内心也是很憋屈的。但孩子唯一能做的事情是改变自己的心态,努力地去适应新环境,要不然继母再努力也是无可奈何的。

学生运用的方法是文本之外和进入想象,因为学生客观地评价了角色行为和理解了文学文本。

说实在的,我也是单亲家庭长大的孩子。可能因为从小父母离异的缘故,我对"母亲"这个词毫无感觉。从小到大,"妈妈"的记忆只停留在一张张照片和一封封信中。很幸运的是我有一个极疼我又极细心的父亲,所以生活也不算太差。单亲家庭,其实也不过如此。

学生运用的方法是文本之内和个体想象以及文本之外和进入想象,因为学生将文本和自己的经历建立联系,形成读者反应,构建丰富想象;通过文学阅读加深对生活和自我的理解。

所以,我想说的是,一些父母离异的孩子,如果没有遭遇太大变故,是不是也可以顽强一些,阳光一些。像文中的姐姐一样,多为他人着想,换个角度思考继母的难处。继母实有有不对的地方,大家再一起沟通解决。不要做一个自我封闭的小孩子,成熟起来,多为父母分担。

学生运用的方法是想象的转移和超越,因为文学阅读帮学生思考了一些父母离异的孩子该如何生活。

笔者通过随机抽样分析三位学生在文学讨论前后的第一次和第二次读者反应构建的想象,发现学生在基于读者反应的多维度问题链的引导下开展阅读,通过多次的文学讨论,学生能够反思自我,采纳移情方法,比较客观和全面地从多角度思考问题。学生的想象在不断地构建和丰富中。学生是独立的思考者,学生采纳主观体验的方法理解文本。学生和阅读的文本建立读者反应,学生在阅读理解文本时,把新观念和学习到的知识与自己的经历建立联系,从而内化和理解文本知识,构建想象。同时,学生也采纳了客观体验的方法理解文本,客观理解和评价角色的行为,开展信息阅读和审美阅读。总而言之,文学讨论活动可以培养学生对文本信息的再认、理解、分析和综合评价能力,也可以培养学生的合作能力和研究能力(Langer,2011)。

笔者分析学生的读者反应后有以下发现:①学生采纳 Langer(2011)提出的构建文学想象的5种方法构建想象;②第二次读者反应构建的想象一般比第一次深刻,学生的想象是不断生成的;③学生在问题的引导下,在教师、学生和学习共同体三者的讨论环境中,通过文学讨论的方式,采纳主观和客观结合的方法构建文学想象。

(二) 其他学生在写作读者反应的过程中构建文学想象的方法

笔者在了解这3名学生阅读文本时构建的文学想象后,思考其他学生在具体情境中是怎样建构文学想象的。因此笔者认真阅读和分析参加文学阅读的30名学生对同一文本的所有语料后发现学生采纳了 Langer(2011)提出的构建文学想象的5种方法,一步一步地建构想象。

第一步,学生依靠文本之外和进入想象构建想象。例如学生在阅读文本后利用文本信息构建文本想象。包括 ZY、LML 和 ZLJ 在内的 11 名学生认为"The text is about the conflict between the stepmother and the daughter in a reconstituted family."。在回答"What is the meaning of the title?"时,包括 ZY、LML 和 ZLJ 在内的 19 名学生认为"It is a symbol of the character's stepmother. It also means that the girl doesn't like her stepmother because she doesn't accept her as her mother. It's about a 12-year-old girl who has a bad impression of her stepmother and the relationship between them is terrible."。这些学生正确理解了文本标题含义,但是 11 名学生做出了错误理解,没有构建正确的文学想象。笔者通过阅读和分析学生在阅读文本后回答的问题和学生写作的第一次读者反应,发现只有部分学生能够通过独自阅读理解文本含义,因此学生的想象需要进一步构建。

第二步,学生依靠文本之内和个体想象构建想象,这包括依靠读者的个体知识、文本知识和社会背景深化认识、启发思维(Langer,2011)。例如在回答问题"Why does my stepmother like my sister,Linda?"时,包括 ZY、LML 和 ZLJ 在内的 18 名学生认为"Because Linda is more obedient and polite.";在回答问题"Why do I describe the kitchen and my stepmother's furs?"时,他们认为"They show her richness and our poverty.";在回答"Why do I like to live in my own shabby house?"时，他们认为"Because she does not like her stepmother and she does not do the housework to keep the house clean. The house holds memories of her mother and she feels more familiar with it. Even though it is shabby, it has happiness and freedom."。笔者通过分析学生的语料，发现部分学生能够依靠文本知识深化认识、启发思维，构建了文本的正确想象。

第三步，摆脱文本和反思认识。这包括从生成的文本知识中反思自己的生活、观念和知识。30 名学生在第一次和第二次书写读者反应的过程中体现了这一点。例如，学生 HCY 写道："如果我在生活中碰到一位这样的后妈，我也会采取 Linda 的态度和继母和谐相处，等我自己有能力的时候再永远地离开她。"学生 NYS 写道："通过文学讨论，我发现物质是基础，自尊也是很重要的。继母尽管有钱，但是她也随意地指挥他人，不给父亲面子，使父亲没有尊严。从中可以看出，经济很重要，独立的人格更加重要。"学生 DH 在第二次读者反应中写道："通过阅读文本和进行文学讨论，我发现我们在不同的人生阶段应承担不同的责任。文中的父亲似乎没有很好地做到这一点，他没有了解女儿的内心，没有和女儿好好沟通，也没察觉到孩子与继母的紧张关系，他没有尽到父亲的义务。从文本中我认识到沟通和交流在人际交往中发挥重大作用。"

第四步，想象的抽离和经验的客观化。例如，笔者和学生 LMZ 开展了如下的交流：

笔者：我们学习 She、Lessons 两个文本，请问文本中孩子的最大区别是什么？谢谢。

学生 LMZ：Lessons 文本中的孩子都很自立自强，不像 She 文本中那个女孩子一样抱怨，而且 She 中的女孩子也不勤快。

笔者：Lessons 中的父亲和 She 文本中的父亲有什么区别？

学生 LMZ：后面文本中的父亲很懦弱，前面文本中的父亲由懦弱转向坚强，支持他女儿。

笔者：你认为两个文本中的继母有什么区别？

学生 LMZ：She 文本中的继母粗鲁，爱指使人；Lessons 文本中的继母势利，爱贪小便宜。

笔者：在阅读相似的文本的时候，你要找出它们的相似点和不同点，并进行比较。你发现文本中还使用了什么写作手法？

学生 LMZ：大量的对比。

笔者：你能够谈谈你对文本 *Lessons* 和文本 *She* 的看法吗？

学生 LMZ：可以。它们都讲到了关于家庭冲突的问题，尤其是重组家庭的冲突。两个文本中的继母都不是好继母，她们都想方设法地向孩子提出各种要求。尤其是 *Lessons* 文本中的继母，她一点也不懂得"我"和面包店老先生之间的真挚友谊。她甚至想利用我们之间的友谊换取免费的面包。她十分吝啬，贪小便宜。最过分的是她以"我"为借口，从老先生那里骗取了许多免费的面包，这个误会再也解不开了，因为老先生已经去世了。老先生教会了"我"宽容，让"我"重新开朗地面对生活，是"我"永远的朋友。

两个文本都提到了自立的问题，确实在当今社会，独立和自立十分重要，但没有能力很难自立。因此，我们现在要好好学习，有能力才能自立谋生。

笔者通过分析学生的语料，发现学生在分析和评价文学作品时能够和其他的文学作品建立互文，并构建文学想象。学生 LMZ 的话语证明她理解了文本的深层次内容，理解了文学作品承载的育人价值。

第五步，想象的转移和超越。例如，笔者在课堂教学结束后对学生进行访谈时发现了学生如下的想象：

笔者：我们学习了大量关于家庭离异的文本，你们有什么感想？

学生 ZY：关于离异家庭的问题，现在社会在变化，夫妻间的关系也在发生变化。他们相处了很久，也有可能会分开，这是很正常的，如果未来我发现我的婚姻不适合我，我会义无反顾地选择离婚。

学生们在遇到虚拟离异的新问题时能够将在文本学习过程中阅读到的离异的客观情况应用到新的想象构建体验中，在解决虚拟问题时产生十足的创造力。教师是学生想象构建的帮助者。学生在教师提出的问题的引导下构建 3 种不同的想象：为了孩子的幸福不离婚；离婚对孩子的健康成长影响不大，为了自己的幸福会离婚；义无反顾地选择离婚。

（三）学生在文学讨论中构建想象的方法

笔者选择学生 ZLJ、学生 LML 和学生 ZY 所在的第三小组在课堂的文学讨论和课程汇报语料进行分析，发现学生在文学讨论中能够构建丰富的想象。学生的讨论内容如下，括号中的内容是笔者的分析：

学生 LCM：这个文本中的继母使我联想起童话故事《灰姑娘》中继母的故

事(想象的抽离和经验的客观化,形成文学作品的互文性),她对自己的继女一直呼来唤去,但是文中的继母批评继女也是为了孩子的健康成长,她对孩子是有爱意的(文本之外和进入想象,理解文本表层意义),但是她教育孩子的方式值得我们反思(摆脱文本和反思认识,开展反思,启迪人生)。

学生ZLJ:我感觉这个继女和继母缺乏沟通,适当的沟通和容忍是有必要的,尤其是在这种尴尬的情况下,特别需要进行沟通(文本之内和个体想象,客观理解文本,构建想象,深层次理解了文本和启发了思维)。

学生ZL:该故事以第一人称视角讲述"我"和继母的矛盾(学生采纳文学话语评价文学作品),因为继母要求"我"离开我们旧的出租屋到继母的大房子中生活(文本之外和进入想象,学生理解了文本表层意义,即作者表达的意思,构建了浅层次想象。)

学生DH:通过作者细腻的笔调,我们可以感受到青少年心理成长过程。这个后妈喜欢干净和整洁,可以分享自己的房子给"我们"居住,能够接纳这个贫困和两个小孩的家庭。她对"我"的父亲是深爱的。但是,我也认为"我"的后妈有不好的一面,她讲话刻薄,爱指使人,对姐姐偏爱,这对于"我"来说,刚经历家庭变故,又面对"不速之客","我"的复杂心情可想而知(文本之内和个体想象,启发了思维,理解了矛盾的深层次原因,客观和全面地理解了文本)。

学生ZY:我觉得这个家庭不是一个幸福的家庭。对于我们来说,现在生活在一个幸福的家庭是一件快乐的事情,我们应该珍惜现在的美好的生活(摆脱文本和反思认识,形成读者反应)。父亲因为钱而和继母结婚,他放弃了自己的自尊。因此我们应该在生活上保持平等,在经济上保持独立(摆脱文本和反思认识)。

学生CDY:第一,"我"和继母相处得特别不融洽,我能够理解这种关系,毕竟她们两个人没有血缘关系。第二,但是父亲找到了一个自己喜欢的人,可以在一起过日子,作为子女,应该多为父母考虑。父母为孩子操劳了一辈子,他们上了年纪,太不容易了。第三,我们要换位思考,不要以自我为中心,也不要像文章中的继母一样动不动就指挥人(想象的转移和超越)。第四,要克制一下情绪,要和父母进行沟通和交流。第五,是关于钱的问题,物质是重要的,自尊也是重要的,父亲因为经济的缘故和继母在一起了,但是在精神的层面,父亲没有自尊。

学生ZY:我和你们的差不多,我的理解大致一样。第一,当我们处于一个和睦的家庭的时候,我们要好好珍惜;第二,我们应该独立起来,在面对家庭的突然变故时,只能依靠自己去战胜困难;第三,我们要冷静和从容地处理一些问题,如果我是主人公的话,我会和我的继母好好地生活在一起,当我有能力的时候,我会离开她。

学生通过阅读英语文学作品获得了对自己人生的感悟,形成了读者反应,摆脱了文本,开展了反思,通过文学阅读加深了对自己生活和自我的理解与思考。学生的理解客观、全面,她们进行换位思考和多角度思考,体会了文学作品的教育价值功能。

学生 LML:我要看和继母生活的情况是怎么样的,如果她天天指挥我干活,我就不乐意。

学生 ZY:父亲应该尊重孩子的意愿,不要随便带一个女人回家。继母不让孩子看书,这样对小孩美好的童年是不利的。

学生 LML:该重组家庭的关系非常紧张,要谨慎地处理,不能够这样容忍和逃避。

学生摆脱文本,开展了反思,加深了对自己生活和自我的理解与思考。

学生在小组开展课堂讨论后,选择一个代表汇报本小组的文学讨论结果。第三小组的学生汇报如下:

第一,继母以自我为中心,经常命令"我"做"我"不喜欢的事情,讲话比较刻薄,"我"和继母就好像敌人一样(文本之外和进入想象)。但是我觉得这种关系是可以理解的,毕竟她不是自己的亲妈(文本之内和个体想象)。

第二,"我"和继母相处得特别不融洽,我能够理解这种关系,毕竟没有血缘关系,我也有这样的经历(文本之外和进入想象)。

第三,父亲能够找到一个自己喜欢的人,可以在一起过日子,我们作为子女应该多理解他们,多为父母考虑。父母为孩子操劳了一辈子,他们上了年纪,生活太不容易了(摆脱文本和反思认识)。

第四,我们要进行换位思考,少以自我为中心,不要动不动就指挥人,不要像文章中的继母那样(想象的转移和超越)。

第五,我们要克制一下情绪,要和父母进行沟通和交流(想象的转移和超越)。

第六,是关于"我"父母的问题,物质是重要的,自尊也是重要的,父亲因为经济缘故和继母在一起了,但在精神层面,父亲没有自尊,不要因为钱的问题而失去了自己的自尊(文本之内和个体想象)。

笔者通过分析学生的课堂汇报，发现该小组的同学通过文学讨论构建了客观和全面的文学想象，能够多角度地看问题和换位思考，开展了文本的深度阅读，体会了文学作品的教育价值。

四、结论

笔者通过反复阅读文本以及学生的读者反应、讨论和课堂小组汇报等语料，发现学生基于 Langer 的 12345 理论构建文学想象，理解和欣赏了文学作品。这帮助学生获得了丰富的读者反应，利于学生成长。笔者也发现学生写作的第二次读者反应比第一次深刻得多。这也再次证明教师应该要求学生写作第二次读者反应。

第二节　读者反应形成的来源之一：互文性

本研究发现，学生在进行了文学作品的互文鉴赏后，形成了丰富的读者反应，互文性是读者反应形成的来源之一。

一、解释文学作品角色时形成互文性

通过分析学生相关语料，笔者发现 80% 的学生在解释文学作品中的角色时能够使用同质类比互文和同质对比互文两种方法。

（一）同质类比互文

同质类比互文指同一话题和同一内容下不同角色呈现相同品质的互文（梅培军、黄伟，2018）。例如学生 YPP 在阅读英语文学作品 *The Golden Touch* 后写道："……我明白了做人不能太注重物质生活而忽视对身边人精神上的关心。文中国王爱他女儿，更爱金子，因此想把很多金子送给女儿以示其父爱。但他是否想过，用金钱堆积起的不是爱，而是将女儿推向物质崇拜的深渊。就如语文教材中《高老头》中的高老头，他也很爱他的女儿，倾己之力来满足女儿的物质需求，这使他的女儿养成拜金主义观念，人性上有所缺失……因此，文中国王应多从精神上关心女儿，少注重物质生活。"

该学生把国王和高老头两位父亲开展同质类比互文，找到了课内外文学阅读的关联。这利于学生在鉴赏文学作品时充分利用文本的互文性,加深对文本的理解,发展文学鉴赏能力。

(二)同质对比互文

同质对比互文指同一话题和同一内容下角色对同一事情的不同处理呈现出不同品质的互文(梅培军、黄伟,2018)。*She* 中的孩子特别爱抱怨,自己还不自立。但是 *Lessons* 中的孩子特别自立,她和文本 *The Pill Factory*、*Riding up to Ruby's* 和 *The Avalon Ballroom* 中的孩子一样通过自己打工,积极向上地改变自己低水平的经济生活。

笔者在研究中也发现一些学生找到了不同文学作品的关联,此同质对比间的互文有利于学生在进行文学鉴赏时利用文本的互文性,加深对文本的理解,提高文学鉴赏能力。

二、评价文学作品写作方法时形成互文性

文学作品写作方法的互文性包括内部结构参照的互文性和写作手法的互文性(梅培军、黄伟,2018)。本研究发现实验学生在阅读英语文学作品时能够充分利用内部结构参照和写作手法的互文性。

笔者发现,学生所开展的互文性评价是建立在正在阅读的文学作品和曾经阅读过的文学作品基础上的,他们从文学写作手法、文学内部结构和文本主题等角度对阅读的文本形成互文性评价。学生体会了文本间不同主人公流露出的自立自强的品质,这在一定程度上利于发展自身的文学鉴赏能力。

三、结合阅读文本语言形成互文性

在本次文学教学中,笔者发现学生在理解文本的过程中形成想象的图画,预测剧情发展。学生在阅读时投入丰富情感,描写、解释角色行为,判断主题意义。这些读者反应是读者依靠正在阅读的文学文本语言形成的。参加文学阅读的学生在多年的英语学习过程中,主要就是基于正在阅读的文本语言来理解文本的。例如,笔者在采访学生时,80%的学生提到,在上英语文学阅读课程之前的英语课堂中,他们很少会意识到在英语课堂中能够结合个人经历、互文性和社会文化形成读者反应和欣赏文本。

正如学生 MPH 所言:"从小到大,我们在课堂上天天学习英语知识,学习

怎样做题和怎样考高分。很少有人启发我们在阅读理解文本时,可以结合个人经历、互文性、文化理解英语文本和形成丰富的读者反应。而且我们在课堂和考试中的文本也很简单,只要认识字,就能够理解文本事实,简单推测一下就可以解决问题,这根本不需要结合个人经历、互文和文化。通过英语文学课老师的指点,我现在发现语文老师在课堂上教我们的解读文本和理解文本的方法也可以迁移到我们理解英语文本的过程中。过去我们从来没有想过还可以这样解读文本,英语教师也没有这样教过我们。"

学生 MPH 的话语也折射出两个现象。

第一,在中学教育中,学生在阅读文本时主要关注"什么类"问题和"如何类"问题;在大学教育中,学生在阅读文本时主要关注"什么类"问题、"如何类"问题和"为什么类"问题(麦考,2017)。

第二,这些学生在理解文本时主要采纳了文本细读的方法解读文本。学生科任英语教师在课堂中一直是通过密切关注英语语言(词汇、语法、句子、语气等)和特定细节来理解文本的,文本语境(作者成长的历史环境和社会文化)的运用范围没有文本细节和语言的运用范围大,运用频率也没有后两者高。例如笔者在对学生 ZL 进行深度访谈时,她这么说:"我们英语老师在教我们一些短文章的精读,她逐个讲解文章中的单词,把单词引申出来的意义也全部讲出来,要我们背了再听写。"读者在阅读时较少使用推测、关注文本外的知识等方法解读文本,他们很少或者没有依靠个人经历、互文性和社会文化帮助自己理解文本(麦考,2017),这是由英语教师的教学风格和测试试题对学生学习的消极反拨效应导致的。

四、结合个人经历形成互文性

研究发现这些参加文学阅读的学生在笔者的引导下开始结合个人经历和文本形成互文性,这利于他们理解文本。但是采用这种方法的学生比例没有超过采纳细读的方法解读文本的学生比例。这是因为英语在中国是外语,学生在学习英语的过程中主要学习英语语言知识;同时,也可能是因为学生没法有机结合文本内容和个人经历;还可能是因为学生对各种文本间的文化、各种文本内的文化不熟悉。这些原因导致他们很少或者没有依靠个人经历、互文性和社会文化的视角理解文本(麦考,2017)。

但是,英语教师应该像语文教师那样基于学生的个人经历,帮助学生利用阅读文本和其他文本间的互文以及文化知识开展英语学习。笔者也发现学生经常基于正在阅读文本的语言形成读者反应，经常采纳主观和客观的方法理解文本。这些方法符合 Langer 在 2011 年提出的采纳主观和客观两种文学取向解读西方英语文学作品，按照信息文本的文学理解和审美文本的欣赏方法理解文本的观点。Langer 认为，基于文本语言开展文学文本中的信息性阅读，应该采纳客观取向；学生在构建文学想象的过程中进行文学审美解读时，应该采纳主观取向，经常联系自己的生活和经历，形成丰富的读者反应(Langer，2011)。

同时，笔者也发现学生在阅读文学作品时开始将文本内容和自己的亲身经历建立联系，汲取文学文本承载的价值，反思自己的人生，启迪未来成长。例如学生 ZLJ 在写作阅读文学作品 *The Pill Factory* 的读者反应时回忆自己在广州的工厂中打工一周的经历。她亲身体会了打工的辛苦，意识到了离异后的父亲一个人含辛茹苦地抚养自己的艰辛，发出了自己应该好好学习、为父亲有好晚年生活而奋斗的内心呐喊。

学生 HYY 在阅读文本 *The Avalon Ballroom* 后，结合自己成长于单亲家庭的亲身经历，写出父亲抚养自己的不容易。读者反应体现出"儿女应该理解父母的养育之恩"的观点。学生 WTT 在阅读文学作品 *She* 后，写作了自己亲身经历的紧张的家庭关系，发表了对话题的看法，形成了如下的读者反应：

理解与接受

首先，我想说，之所以写作紧张的家庭关系这个话题，是因为我也有着相同的经历——来自一个重组家庭。

爸爸妈妈是在我小学五年级左右分开的吧(其实已经记不太清了)，只是隐隐约约记得那段时间奶奶和妈妈的关系很紧张，奶奶甚至不让我接妈妈的电话。还记得那一天和妈妈简单地吃了个饭，饭桌上爸爸的缺席则向我无声地宣布了他们关系的破裂。但是，说实话，直到现在我从未怨过他们谁。

而让我能够以这种平和、淡然的心态来面对父母离异的很大一部分力量来源于我的母亲。法院将我判给了爸爸，但这并不能减少妈妈对我深厚的爱。我们依然常联系，依然一起旅行、过节，我们的感情也依旧深厚。在我看来，唯一改变的就是妈妈换了一个住的地方，而我也并没有因此缺少了哪一方的爱。

然后，当爸爸在我初中时带回我现在的阿姨时，我们的关系也从未有过紧张的情况，我能够理解这是爸爸情感的需要，也会感动于阿姨对我们的倾心奉献。阿姨也有自己的小孩，但她很少在我们面前提起，有时候我也会想，她会不会因为照顾我们这个家庭而缺席了自己孩子的成长。从这点来说,她对我们是真心的。我和阿姨像朋友,更是家人。

其实,我觉得正确地理解与看待重组家庭,也未尝不是一种新的开始。而且这种开始,对周围的人来说也是一种幸福。只要以真心相待,也会收获真情。

参加文学阅读的学生在阅读文学作品时开始和自己的生活建立联系,汲取文学文本承载的价值,反思自己人生和启迪未来成长。笔者阅读学生写作的读者反应时发现学生 LMZ 在阅读作品 *Mr. Know-It-All* 后联系自己的生活经历,写出了在人际交往中如何学会得体和合适地交际的一些例子。LMZ 在阅读文学作品 *The Washwoman* 后,体会了文本中承载的负责任、积极向上、勤奋的品质,在自己的读者反应中举了自己的数学老师在教学中具备这些品质的例子。在读者反应的结尾,LMZ 写道:"……我数学老师的教学故事不是一个关乎用生命去奉献的故事,但我却分明看到了他如主人公一样,虔诚地对待自己工作的优秀品质。"

五、结合其他文本、影视剧等形成互文性

笔者在教学过程中慢慢培养学生将正在阅读的文本和曾经阅读过的文本及故事、看过的影视剧等多模态文本形成互文,写作丰富的读者反应。随着文学教学的进展,越来越多的学生开始采用这一方法形成对文本的理解,这在一定程度上利于学生成长。

例如,学生 DH 在阅读文学作品 *The Gift* 后,把阅读的文本和广告建立了联系,她写道:"阅读到这篇文章中渴望与女儿相见的老母亲的故事,我想到了中国的许多空巢老人。曾经,有一则公益广告,是两位老人独自在老家生活,儿子在外工作,只是时常打电话问候他们,一年也见不上几面。后来,老婆婆生病住院,老爷爷照顾着她。但当他们的儿子电话问候时,老爷爷却告诉他,他们老两口生活得很好、很健康,叫他不要担心。这是典型的空巢老人,即使他们表面看起来开心健康,但内心却孤单脆弱。有的人会直接告诉子女自己的思恋,但有的却说着善意的谎言。空巢老人的现象,无论是在国内还是在国外都是较为普遍的。广告中的老夫妻又何尝不期盼着子女的看望!这样小小的要求,因现代信息技术功能的发展而被忽视,被一张张支票所打发。人老了的生活,不应该是这样孤独心酸的,子女们对老人的赡养与关爱是至关重要的。曾经看过一篇小说,讲的是女孩莹为了陪伴自己的阿婆,拒绝男友的邀请,放弃了安逸的生

活,这才是真正的孝与关爱吧！莹是善良的,她本可以将阿婆送进养老院,但养老院中的管理并不能达到她的要求,她便毅然带走了阿婆,改变了阿婆孤单的境况。所以,人要孝敬父母和长辈。"

学生 DH 同时也将现在正在阅读的文本和阅读过的文本建立了互文的联系,例如她看到文学作品 *Jake Drake：Teacher's Pet* 中同学之间的紧张关系时,这样说:"大家往往会忌妒羡慕那些成绩优异或是深得老师喜爱的同学,还有就是那种听话乖巧的好学生。比如说《淘气包马小跳》里的杜真子,这个女孩就是成绩优异,并且在大人面前极其乖巧,所以马小跳对她是各种羡慕。《仙境之桥》中的莱斯莉同样是一个优秀的女孩,因为她在学校的行为不像那些习惯不好的同学一样,她遭到了孤立和排斥。但她心态乐观,因跑步与杰西结缘,并与之成为真心的好朋友,在校园外开辟了一个属于她们自己的新天地。她并没有因是好学生被忌妒和孤立而苦恼郁闷,相反,她在孤单中乐得自在。有时候,若真是自己周边环境的问题,那没必要为他们而改变自己。"

六、结合文化形成互文性

文化上的互文指文学作品在价值观上形成的互文性。正如学生 XL 写道:"这个故事讲述的是一个母亲为自己儿子奉献的故事,第二次阅读后,心酸和愤恨是第一感觉,更多的是对儿子的讨厌,甚至是厌恶。"教学互动后,大部分学生对儿子的行为都持谴责态度,这也再次证明学生还是根据中国孝文化、中国教育文化和自己成长的文化解读西方英语文学作品中承载的文化和价值观。

笔者在访谈过程中发现在解读文本时,80%的学生没有考虑按照西方英语文学作品中承载的文化因素帮助自己解读英语文学作品。例如学生 DH 讲道:"我只喜欢关注文本故事内容,不关注文化,这样照样可以读懂文章。"学生 ZXJ 讲道:"我对西方文化也不太懂,习惯了按照文本意思来理解文本,我关注故事情节。按照老师给出的引导问题开展阅读,我就能理解文本。"

文化理解发生在学生体验和解读文本后。同时,这也证明学生解读文学作品时通常忽视西方文化的情况,学生在解读文学文本的过程中会忽视和过滤审美的障碍(Soter,1997)。因为只要不涉及和文化相关的问题,不影响对文本的理解,学生就会忽视文本中承载的文化信息(Soter,1997)。即使遇到不熟悉的文化,学生也可以利用文本的语篇和语境线索、文本间的互文性、自己成长的经历和文化解读西方英语文学作品。因此在开展英语文学阅读教学的过程中,教师应该设计一些理解外国文化知识方面的问题,引导学生理解文本中的文化和开展跨文化教育。

因此,笔者通过对以上的语料进行分析得出以下结论:第一,学生基于社会文化形成读者反应的比例最少;第二,学生在解读文学文本的过程中会忽视和过滤审美的障碍(Soter,1997);第三,学生即使遇到不熟悉的文化,也可以利用文本的语篇和语境线索、文本间的互文性,以及自己成长的经历和文化解读西方英语文学作品;第四,学生即使采纳了跨文化视角来解读作品,还是更习惯使用本国文化视角开展文本解读。学生主要依靠阅读文本的语言形成读者反应,其次才是结合自己的经历和文本形成丰富的互文性,结合社会文化解读文本的学生比例最小。

七、结论

笔者通过研究发现互文性是学生丰富的读者反应形成的来源之一。因此在文学阅读教学过程中,教师应该引导学生开展多样性的文学鉴赏,形成丰富的读者反应。

第八章 成功开展英语文学阅读的保障

笔者通过本研究发现,如果要成功开展英语文学阅读,更好地帮助学生在文学阅读中和阅读学习后获得学习成就感,助力学生成长,教师和学生需要协同课程建设的六要素,以及课程实施和课程学习中的十八要素。

第一节 成功开展英语文学阅读的课程保障:科学六要素

为了探究在高考升学的强大压力下,高二学生和高三学生如何能够成功阅读英语文学作品,教师通过科学的课程建设的六要素保证了课程顺利实施:英语文学阅读课程教学大纲;文学阅读 PISRCAWID 教学历程;读者反应多维度的教学目标和评价;170 分钟文学阅读计划;"问题导入—师生互动—感悟反思—巩固拓展"的文学讨论模式;和谐开展文学阅读的 20 个因素和 4 个维度。

一、英语文学阅读课程教学大纲

笔者经过一个学期的文学教学,开发了本次研究所需要的高中学生文学学习课程,初步建设了一门英语文学阅读课程,探索了课程教学和评价方法。

二、文学阅读 PISRCAWID 教学历程

为了达到文学教学目的,保证开发的文学课程能够顺利实施,教师开发了PISRCAWID 教学历程,加强管理和监控教学过程。PISRCAWID 教学历程如表 8.1 所示。

表 8.1　PISRCAWID 教学历程

步骤	名称	教 学 步 骤
1	Previewing	课前预习,解决词汇和句子困难。回答问题链的问题和写作第一次读者反应,理解文本。
2	Interpreting	采纳"文学圈"的模式,讨论读者反应问题链的问题,深刻理解文本和开展第二次阅读。
3	Sharing	在课堂上和同组学生进行小组信息分享,教师观察和指导学生讨论。
4	Reporting	每一小组派一名学生汇报讨论结果,学生共同分享学习结果。
5	Classroom interaction	师生教学互动,教师在课堂进行 40 分钟的教学,教师讲解文学作品意义,解读难的词汇和句子,开展文学、文化和篇章教学。学生向教师提问,教师答疑解惑。
6	Assessing	学生通过自我评估表,对自己的表现进行评分记录。在这个日志中,学生记录新学词汇等语言知识。
7	Writing	书写第二次读者反应,进行课后创造性写作。
8	Interview	通过访谈了解学生学习情况、困难和收获。
9	Discussion	讨论文章阅读对学生心理健康的影响,观察学生是否体会了文学作品的育人价值。

三、读者反应多维度的教学目标和评价

为了实现读者反应多维度的教学目标和评价,教师采纳"整进"和"整出"的方法开展阅读教学。"整进"指学生在整体把握文本客观内容的基础上理解文本。"整出"指教师引导学生把作品的内容和自己的生活建立联系,形成丰富的读者反应。

四、170 分钟文学阅读计划

笔者经过摸索,决定采用"170 分钟文学阅读计划"。这个计划指学生从拿到一个文学阅读文本后到文学阅读结束时,要在 170 分钟之内完成 5 个程序,以理解和领悟作品。

文学作品教学的先后程序如下:

第一步,学生在课外阅读文学作品后回答阅读理解问题和书写第一次读者

反应;第二步,学生在课堂上开展"文学圈"的讨论和形成小组读者反应后,小组向全班汇报读者反应;第三步,教师和学生进行课堂教学互动,教师指导学生理解文学作品,组织学生学习语言知识、文学知识和文化知识;第四步,教师总结、概括文本和学习内容;第五步,下课后学生书写第二次读者反应。

五、"问题导入—师生互动—感悟反思—巩固拓展"的文学讨论模式

教师开展文学讨论等协同教学促进学生健康成长。林建华(2001)探索并确立了"问题导入—师生互动—感悟反思—巩固拓展"的中学生心理健康教育模式,并在实际教学中取得了良好效果。在教师引导下,学生在文学讨论等协同学习过程中体会文学作品的教育和教学价值。教师在教学过程中以问题为导入,引导学生思考并和学生互动,促使学生形成丰富的感悟和多元反应。

三个星期后,教师和学生再进行第二次文学讨论,目的是帮助学生进一步在讨论过程中获得感悟,因为要给学生思考的时间来巩固和拓展文学作品的教育价值。教师逐步确定了以讨论活动、文本体验和汇报分享三个要素为主的教育形式。例如,学生通过反思自己与父母、老师和同学的交往经历,不仅改善了同伴关系,还对亲子关系与师生关系产生了积极影响。这种反思有助于他们抵御一些不良情绪,并找到一些培养健康人际关系的方法。

六、和谐开展文学阅读的 20 个因素和 4 个维度

教师通过访谈、问卷调查、收集实物、写作观察日志等方式获得了 60 多万字的语料。教师对这些语料进行初级编码后发现了和谐开展文学阅读的 20 个因素,这 20 个因素是:①合理控制生单词量;②合理控制文本的长度和数量;③平衡学生的各科学习时间;④提前和学生解释教学方法;⑤选择高质量和学生熟悉的文本;⑥合理兼顾考试文化;⑦培养学生阅读的成就感;⑧培养学生阅读的信心;⑨培养学生优秀的文学阅读品质;⑩使用母语进行讨论、汇报和写作;⑪开展两次读者反应写作;⑫在问题驱动下的阅读和写作教学;⑬开展语篇知识和模糊容忍度教学;⑭平衡文学知识和语言知识的教学;⑮利于高中生心理和人生成长;⑯提高英语语言能力与运用能力;⑰发展与提升思维;⑱传承中国优秀文化,了解异国文化;⑲提高审美鉴赏与创造能力;⑳建构文学想象。

教师再对 20 个因素进行中级编码后得出影响文学阅读的如下 4 个维度:发挥文学作品教和育的功能;采取科学高效的教学和评价方法;培养学生优秀

文学阅读品质、信心和成就感;控制影响文学阅读的学习因素。

教师再对语料进行高级编码后发现 4 个维度的关系如下:

(1) 控制影响文学阅读的学习因素,可以发挥文学作品教和育的功能,培养学生优秀文学阅读品质、信心和成就感。

(2) 采取科学高效的教学和评价方法,可以发挥文学作品教和育的功能,培养学生优秀文学阅读品质、信心和成就感。

(3) 培养学生优秀文学阅读品质、信心和成就感,可以发挥文学作品教和育的功能。

因此,教师维护好 4 个维度间的和谐关系才能更好地帮助学生成长和获得学习成就感。

第二节　成功开展英语文学阅读的教学
保障:协同十八要素

此次文学阅读教学使用的作品是英语文学作品,而不是翻译成汉语的作品,学生如果阅读翻译成汉语的外国文学作品,不但和这次探索性文学阅读教学的目标不符合,也不能够实现学生通过阅读英语文学作品提高英语语言能力的目的。因为英语课堂中的文本解读和语文课堂中的文本解读是有差别的,英语课堂不但要关注学生学习过程中文本意义的解读,还要关注教师的语言教学和学生的英语语言学习,这是在不断博弈的过程中建构的(侯云洁,2018)。本次探索性研究发现在本次文学阅读过程中,只有协同以下十八要素,教师才能更好地开展英语文学作品的阅读教学,从而能够更好地帮助学生获得语言学习成就感。

一、强化词汇学习

开展文学阅读的第一条件是学生识字和认识基本语法,这是理解的基础。词汇学习是外语学习过程中语言教学的一个重要组成部分,在阅读英语文学作品的过程中,学生要关注词汇学习。学生在阅读英语文学作品的过程中只有克服词汇和语法障碍,才能够保障文学阅读教学的正常进行和提高英语学习成就感。教师应该严格控制陌生词汇量,最多保留 5% 左右的陌生单词。这既可以培养学生的猜测和推测能力,也可以培养学生的模糊容忍度和使用语篇策略猜测生词和难词的能力,从而提高学生语言能力。

在语言学习过程中,词汇是客观、概括、主观和具体的。索绪尔提出了"语言"(langue)和"言语"(parole)的区别:语言是由同一社会群体共同掌握的,它的意义是概括和客观的;但言语是个人说话行为,包括个人理解在内,它是具体和主观的(Saussure,2000)。

在开展英语文学作品阅读教学的过程中,教师要培养学生在阅读文学作品、了解和体会他人言语的过程中提高自己的语言水平。而且在教学过程中教师要引导学生体会标题中单词和短语在英语话语中的不同意义,培养学生在阅读过程中根据上下文语境把握语义和构建丰富文学想象的能力。例如笔者在给学生分发文学作品 The Avalon Ballroom 时要求学生理解标题 The Avalon Ballroom 的意义。一周后,教师在开展文学阅读课堂的师生互动时发现学生写出如下意义:

The title of the article, *The Avalon Ballroom*, carries multiple layers of meaning. Firstly, it refers to the Avalon Ballroom poster left behind by Lily's father, which is cherished by Lily and her mother. Secondly, it was a place where Lily's parents used to attend rock concerts in San Francisco, symbolizing their beautiful love story. Thirdly, the Avalon Ballroom poster was eventually sold to a collector as Lily's mother sacrificed it for Lily's future—representing her hopes for Lily to attend Princeton University along with the memories she shared with Lily's father.

笔者通过分析学生的回答,发现他们在阅读理解文本的过程中赋予了 The Avalon Ballroom 词典中没有的意义,这就是标题的言语。教师在教学词汇时应该依托文本语篇和语境开展言语教学和提高学生英语言语能力,反对死记硬背和生搬硬套词典中的意义。因此在文学阅读教学的过程中应该充分利用文本的标题,引导学生猜测文本标题的意义,帮助学生预测文本的内容和文本基调,培养学生的阅读积极性。

二、和谐使用第一语言(汉语)和学习的语言(英语)

教师应该引导学生科学使用汉语和英语来汇报丰富的读者反应和对文本的理解。教师为了防止学生英语语言的"石化",在学生汇报以后,及时使用英语重述、概括和总结。教师采纳了减少和成就的策略来帮助学生的语言学习。教师在阅读理解的问题回答部分,在课堂教学互动部分,在学生的写作创作过程中要求学生一定使用英语,部分特别优秀的学生可以使用英语进行文学作品的讨论和读者反应的写作。

刚刚进入高二的学生在参加英语文学作品的阅读实验时面临许多的困难,他们的英语语言能力不够,在阅读文本的时候有一定的困难。

笔者通过前期的试测实验,发现学生很难成功使用英语精确表达他们在阅读英语文学作品时丰富的读者反应,但是当实验学生使用第一语言表达读者反应时,他们能够成功表达自己的观点。

学生可以使用第一语言进行文学阅读的讨论、书写学生读者反应日志、接受访谈、完成问卷调查和书写课程汇报。文学作品的讨论可以使用母语,因为如果老师和学生拥有同样的语言,没有绝对的理由要求讨论一定使用英语,可以使用母语提问和讨论(Long,2000)。

20世纪60年代的对比分析再次确认了第一语言在新语言的学习过程中的重要作用。Selinker(1972)认为在某种程度上,学习者在第一语言的基础上学习新的语言,因为为了在语言的学习过程中实现语言自由,真实地表达自己对文本的理解和读者反应,阅读者可以使用第一语言。

Bernhardt(2003)指出,在对语言的评价过程中,尤其在对阅读理解的评价过程中,学习者应该使用最强的语言来进行评价,而不是使用正在学习的语言来进行阅读理解的表达和评价。因为这样可以避免学生因第二语言技能贫乏而受到干扰,从而避免影响评价。否则教师将无法获得可靠和有效的数据。因此在本实验中学生阅读的反应日志、小组的讨论、学生的单独采访,都使用学生的母语(汉语)来表达。

但是在英语文学阅读教学过程中,学生大量使用母语(汉语)来学习英语,将对语言能力提高有一定的害处。

为了避免学生过度使用第一语言,忽视对英语语言能力的提高,也为了防止出现洋泾浜英语和中介语"石化"的现象(Ellis,2003),笔者及时地使用英语来帮助学生学习,给学生示范怎样使用英语来表达自己的想法。

笔者首先请学生汇报他们的读者反应,然后,及时使用英语来进行重述、概括和总结。

笔者采纳了减少和成就策略帮助学生学习语言。学生的汇报以及教师的重述、概括和总结就是采取的减少策略,因为教师在使用英语的过程中,放弃了部分信息。

同时笔者在交流的过程中还采取了成就的策略,这是为了达到交流目的和弥补交流缺陷而采取的策略。教师在与学生的交流过程中,补充了一些学生在汇报时没有的信息。

笔者在阅读理解回答问题部分、在课堂教学互动部分、在学生的写作创作过程中要求学生一定使用英语,部分特别优秀的学生可以使用英语来进行文学作品的讨论和读者反应的写作。笔者通过这些方式来培养学生学习英语的成就感,帮助学生成长。

正确认识第一语言在学习中的价值非常重要,在本次文学教学中可以使用汉语。例如,学生在写作第二次读者反应和学习日志、开展小组讨论、接受教师单独采访和进行小组焦点访谈时,可以使用汉语。这种文学教学不一定要完全以英语为教学工具。在学生语言水平不够的情况下,教师可以用学生的母语开展教学活动,只要能恰当和得体地使用汉语和英语即可。这不仅可以避免学生在活动中因语言水平不够而面临困境,也能够防止学生的英语学习停滞不前。解决学生英语水平不足和思维发展不同步的矛盾,最终可以使得文学教学达到教书育人的目的。在开展英语文学阅读教学的过程中,学生的目的语水平比较低,还不能够自如地使用它表达自己丰富的思想。

在本次教学中,笔者为了让学生获得原汁原味的目的语学习体验,要求学生在语言输入环节阅读英语原著文学作品。同时,为了获得学生阅读文学作品后准确的读者反应,要求学生在语言输出环节可以使用汉语表达自己丰富的思想和读者反应。

例如笔者在对学生 ZLJ 开展深度访谈时问她:"你认为在写读者反应时可以使用汉语吗?"她回答道:"如果使用英语不能更好地表达自己复杂的情感,可以使用汉语。尽管我在 3 000 多名高二学生中英语经常考第一,但是我也经常遇到这种情况。我坚持用英语表达,但是只能概括地表达自己的想法,有时实在表达不清,我就开始使用汉语。"学生 ZLJ 是参加文学阅读学生中的高水平者,她的高考英语成绩是 145 分。英语老师在平时课堂观察中,发现她的英语水平高出其他的学生很多。既然她有时也需要借助汉语表达自己的思想,其他学生的情况可想而知。

黄源深(2015)提出,阅读和写作应该同步开展,读完之后应该写一部分读者反应之类的文字,应该使用刚刚学会的句法和单词表达自己的思想。但是这个观点是有条件的,这个条件是学生应该具备良好的语法能力,英语写作水平高才能够使用英语准确和得体地表达自己的读者反应。

这个发现也在一定程度上证明了我国英语教学的主要目的是提高学生的英语语言能力,而非过度强调思维品质的培养。尤其是在基础教育阶段,当学生的英语水平处于中低等水平时,更应注重语言能力的提升。

2017年1月和2020年2月,笔者在与学生ZY、学生WTT和学生LC的高中英语教师交流后发现,他们高二和高三的英语平时考试成绩和高考成绩在140分左右。学生ZY和学生WTT的英语写作基本没有语法错误,表达基本得体;学生LC在高二进行写作时按照汉语开展机械翻译,语法和句法错误多。但是通过英语教师面对面批改和一对一的指导,他在高考前基本改掉了以上毛病。3个人在平时英语考试中写作得分都在20分左右(作文总分25分),因为英语教师平时在给作文评分时的主要关注点依次是书写漂亮程度、字数多少、高级句型套用、内容完整、语法、句法、文章的衔接和连贯等。这证明了平时考试的评价方法对英语教学,尤其是写作教学的消极反拨效应。测试成绩不能够完全反映学生的英语语言能力,写作的教学和测试方法应该改变。应该采纳阅读后写作和应用文写作相结合的方式开展测试,真正按照语言质量、意义完整、逻辑得体等标准开展教学和评价,提高测试效度和信度。

笔者在本次文学教学的下列活动中使用汉语:学生写作读者反应和学习日志时;学生在开展小组讨论时使用英语不能够得体地表达自己丰富的思想时;笔者单独采访学生和小组焦点访谈时。学生在文学作品的学习过程中,使用英语进行表达有困难时可以使用第一语言,这样教师会更好地了解学生在阅读英语文学作品的过程中是否体会了文学作品的价值。同时,为了防止出现学生英语"石化"的现象,营造更好的英语学习氛围,帮助学生更好地学习英语语言,教师可使用英语对学生表达的内容进行翻译、重述、澄清、改正和延展。

而且下面研究也证明了合理使用第一语言能帮助学生学习英语。首先,第一语言在新语言的学习中具有重要价值。文学教学证明学习者为了在语言学习过程中实现语言自由,真实地表达自己对文学作品的理解和读者反应,可以使用第一语言帮助正在学习中的第二语言的学习(Selinker,1972)。同时,学生在讨论时可使用第一语言,因为如果老师和学生拥有同样的语言,没有绝对理由要求在讨论时一定使用英语,他们可以使用母语提问和讨论(Long,

2000)。Mason(2003)在日本开展的以英语为第二语言的文学阅读对比实验有如下三个对比组：①学生使用自己最强的语言（日语）写下简单的读后心得或读者反应的实验组；②以英语（二语）写作读后心得或读者反应的实验文学教学组；③以英语（二语）写作读后心得或读者反应，同时被纠正写作中的错误的组。对比实验结论表明在语言程度、阅读成绩和写作准确性进步幅度 3 个方面，3 组实验学生没有显著差异，因为造成这种结果的原因是语言学习是从输入信息（input）中产生的，而不是从输出信息（output）中产生的；是从信息理解（comprehension）中产生的，而不是从信息制造（production）中产生的（克拉生，2012）。其次，在语言评价过程中，尤其是在阅读理解评价中，学习者应该使用最强的第一语言进行评价，而不是使用正在学习的语言进行阅读理解表达，这样可以避免因使用贫乏和正在学习的语言而干扰和影响学生第二语言的阅读理解学习，从而保证教师获得可靠和有效的数据（Bernhardt，2003）。最后，一系列研究证明，以第一语言培养学生能力和开展学科内容的双语教学的效果与整天使用英语教学的效果相比毫不逊色，甚至更好（Oller and Eilers，2002）。这说明在第二语言的学习过程中可以合理使用第一语言。

三、开展明确性、有意识性、不言明性和无意识性教学

Krashen(1981)指出在语言教学过程中，语言学习更多是有意识的明确性学习。学习者在有意识的语言学习过程中必须知道语言规则，但是在交际过程中无意识地使用语言时会获得更多的能力发展。

每节课在学生完成学习任务后，笔者对学生开展明确性和有意识的英语文化、文学、语篇和语言知识的聚焦性教学。笔者通过文学教学帮助学生获得语言知识和技能，了解英语文化，知晓英语文学写作方法和提高语言能力。该过程发挥了文学作品在教育过程中明确性和有意识性的教学功能。因为学生在阅读过程中不但可以学习阅读的方法和技能，也可以领悟到文本写作的方法（李观仪，2005）。

在英语语言教学过程中，词汇和短语的学习有时通过有意识的教学来实现，但是有时某些技能需要学生在大量阅读的过程中通过反复接触，在不言明性和无意识的学习中潜移默化地学习到，这样的学习方式就是阅读学习的附带产品。

例如学生 HCY 在课程汇报中这样写道："阅读文学作品表面上没有什么

用,但实际上它的影响是潜移默化的,而且是很大的。比如说,7 000 单词的长文章都能读下去,考试时再长的文章也不会比这个长,所以这会让我们心平气和地在考试时阅读下去。而且阅读有助于发散思维,培养阅读能力,在我的学习中,对模糊单词的容忍,或者遇到不认识的单词时根据上下文猜测词义,都能给我的英语学习提供一定的帮助。理解文章可以通过猜词和忽略一些不重要的单词实现。比如我在做阅读理解时,如果遇到不认识的单词就先跳过,再根据上下文需要进行猜词,或者寻找关键词。"学生 DH 在课程汇报中写道:"通过写读者反应和回答问题(阅读后回答问题链),我的英语阅读和英语作文水平得到提升。"学生 YPP 在课程汇报中也写道:"阅读文学作品还教会我通过转换思维来思考问题。"

学生 HCY 有意识地学习模糊容忍度知识和利用语篇知识猜词后,首先收获了明确性和有意识性的阅读学习策略。随着阅读经历的丰富,学生在自己的阅读、学习和考试中能够使用不言明性和无意识性的阅读策略。学生 DH 和学生 YPP 体会了文学阅读在阅读、写作和思维方面的言明性和无意识性的价值。

因此,在英语文学阅读的教学过程中,教师应该增加学生和文本的接触频率,提供给学生大量接触和使用语言的机会,丰富英语实践活动,帮助学生在"做"中学习英语和在"用"中学习英语。只有这样才能够更好地发挥语言学习的明确性、有意识性、不言明性和无意识性原则的价值。

四、强化整体体验语言

采纳孤立、单独、碎片化的语言教学方法是很难形成语言整体的理解效果的(Stern, 1983)。因此,应鼓励教师在文学教学中引导学生整体体验语言,反对教师支离破碎地讲解文本。例如,在本次文学阅读学习过程中,学生在笔者设计的读者反应多维度问题链的引导下开展单独阅读,进行课堂讨论和师生互动。学生应先整体理解作品内容,然后再理解文本细节问题。教师设计的第一个问题就是要求学生回答文本大意,目的是帮助学生整体理解文本。

笔者要求学生在第一遍阅读文本时能够把握文章整体意义。在学生第二遍精读时,笔者设计一些问题考查学生对作品细节的理解。教师采取先整体后局部的方法帮助学生在把握文章结构、知晓文本大意和了解文本细节的基础上开展文学欣赏,学习文化知识和文学知识。学生接着在阅读后写作读者反应,参与表达和创作的活动。

五、使用分析和不分析的语言学习方法

在语言学习过程中应该使用分析和不分析的语言学习方法。Stern(1983)认为在语言学习过程中应该强调使用语言不分析方法,学习者在自然条件下整体体会语言。同时,在语言学习过程中,学习者也应该关注使用语言分析方法进行学习。在具体教学过程中,教师应该根据具体情况灵活进行教学。

笔者在教学过程中采用先整体和先不分析、后局部和后分析二者有机结合的方法。教师应该帮助学生在阅读文学作品时整体把握文学作品的大意,帮助学生理解文本。在本次文学阅读教学的过程中教师采纳了以下方法:①让学生先理解文学作品中的剧情、角色关系和文本主题,后把握细节问题;②在学生体会了文学作品内容后,教师开展专门教学,分析文本知识;③应该通过分析描写角色的语言,了解角色的品格,这不但利于培养学生的语言理解能力,而且利于发挥教育的育人价值,因为本次研究发现学生写作的第二次读者反应比第一次读者反应体现出更多的育人收获,学生可以从多角度思考问题,这些变化是学生自己,或与同伴、教师互动时分析和深度解读角色语言的结果;④学生在多维度问题链的帮助下阅读三遍文学文本,精读和泛读相互结合,不分析不影响学生理解文本和完成问题链的问题;⑤教师在教授文学知识时采纳先体验后分析的方法开展教学,即在学生学习了文学作品中的知识后,教师才专门开展教学和分析文本中的文学知识。

六、基于语言教学的复杂性原则开展教学

在英语文学阅读教学过程中,应该反对技术主义的文学知识教学方法,反对知识本位的词汇教学,反对过度讲解的分析主义。笔者在语言教学过程中基于整体体验语言的原则,分析和不分析的语言学习原则,明确性、有意识性、不言明性和无意识性原则开展教学,采纳文本、学生正在阅读文本的语言、读者反应和语境四者结合的综合语言教学方法开展教学(Bloemert,Jansen,and Wim,2017),这足以体现英语语言教学的复杂性。

文学作品的解读包括以文本为中心、以语境为中心、以语言为中心和以读者反应为中心 4 种综合的方法(Bloemert,Jansen,and Wim,2017)。同时读者要体会文学语言的独特价值。文学是语言的艺术,文学语言有以下特点:多义性、暗示性、形象间接性、反应生活的广阔性、情感表现的直接性和深刻性。

尽管一波三折的情节是吸引读者注意力的关键,但福楼拜认为词语和句子才是构成小说的真正成分(胡山林,2012),因此在阅读教学过程中教师应该关注词语和句子的教学。

不同的读者因为不同的背景知识而对文学作品形成不同的读者反应。同时读者要基于作者生活和创造的年代语境解读文本,但是在一定程度上读者要依托文本的文学语言开展分析和解读。

学生要关注语言知识的学习,理解文学作品和其文化意义,体会文学作品所承载的育人价值。育人价值不是英语教师在课堂直接讲明学生就可以学会的,而是学生在阅读、学习、交流和反思中慢慢体会和领悟的(董蓓菲,2009)。一般来说,学生在阅读文学作品的过程中获得的情感、态度和价值观体验是不言明性和无意识的,但是有时教师也可以开展有意识的教学。例如因为学生可能不知道西方文化和西方的价值观,教师在教学过程中应该有意识地介绍西方文化和西方价值观,否则就会出现"张冠李戴""牵强附会"的解读,学生可能生硬地将读者的母语文化框架套到西方文学作品上,强行给西方的作品带上"东方文化的帽子",这种现象在我国的外国文学和外语教学圈子里并不鲜见。究其原因,就是因为我们的外语老师缺乏西方文化的知识,凭本能把东方文化套到了西方的作品解读中。

语言教学的复杂性还涉及语言知识教学的复杂性。尽管教师严格控制陌生词汇量在5%左右,但在文学阅读教学过程中,学生仍然会遇到较多的陌生单词和短语,这些陌生的词汇有时会终止学生的阅读和学习进程,因为部分学生习惯了在阅读时一定要知道每一个单词的精确含义,没有形成模糊容忍度,从而影响了阅读理解速度和效果。因此教师应该鼓励学生猜词,这可以培养学生的推理思维和帮助学生获得词汇学习成就感。

学生应该结合文学作品知识、背景知识和情境推测陌生单词的含义。教师应该引导学生依靠推测能力和推理思维进行猜词练习。教师应该要求学生采纳内省法把他们在阅读理解文学作品过程中的理解思路写出来。例如学生WTT 的猜词思路(学生阅读以下段落,猜测 strings 的意义):

"If you let me plant beans," she said, looking into my eyes, "I will let you hold my little guitar. I will even let you play the strings." Then she stood up and started rummaging around the place for her little guitar, and I hoped she would find it.

学生猜测 string 的含义是 a kind of musical instrument。学生思路是："strings 应该是一种乐器，它回指和下指 little guitar，同时 the 表示特指，因此 play the strings 的意思是弹吉他。"

七、教学规则性和创造性相结合

语言教学应该使用规则性和创造性相结合的原则(Stern，1983)。规则性指在语言教学过程中要关注语言、结构、模式、语言教学和语言学习的规则，不能违反语言教学和学习的规律。在语言教学过程中，学生应该关注语言的积累和梳理，教师应该教会学生积累单词、短语和句子，形成自己的英语学习语料库。教师不要过多开展文学知识和文学技巧教学，应该引导学生通过英语或者汉语领略作品的深层意蕴及审美意境。

教师在语言教学过程中应关注语言教学创新。在本次文学教学过程中，笔者要求学生围绕文学作品开展想象性写作，如进行文章续写，同时引导学生开展联想与文本视感化活动。其中，联想指读者在阅读时将文本内容与自身生活相结合，以此辅助理解文本；文本视感化则是指读者在阅读故事文本时，头脑中能将人物、场景、高潮等内容转化为图像，仿若身临其境。例如，笔者要求学生单独阅读文本 *After Twenty Years* 后给犯罪嫌疑人画像；在学生阅读文学作品 *Riding up to Ruby's* 后，笔者要求学生采纳简笔画的方式勾画出文本中的大雪、狂风、蜿蜒盘旋的小路和在大雪中艰难骑自行车的场景。笔者通过这样非语言的方式要求学生领略和描绘文本的意境。当然学生可以采纳母语正确描绘自己领略到的文本的丰富意境。笔者引导学生开展读后续写(例如阅读文本 *The Avalon Ballroom* 后，有学生开始续写女主人公在医学院毕业后，事业成功，再回到老家和自己奶奶见面的故事)和文章缩写(如教师在教授 *Jake Drake：Teacher's Pet* 时要求学生使用不超过 20 个字概括每章内容，然后再综合各章内容，形成一篇 250 字以内的故事简介)。这些教学活动是语言教学创造性教学原则在文学教学过程中被灵活使用的具体表现。

八、结合精读和泛读提高学生英语语言知识和培养学生英语语言能力

在英语学习过程中，学生要处理好建构文本意义和开展语言学习间的关系(侯云洁，2018)。英语文学阅读学习不同于学生的语文文学阅读学习。英语是

学生的外语,参加文学阅读的学生在高中学习英语的主要任务是学习英语的语言知识。如果教师在英语的文学课堂中主要关注文学的教育价值,而不太关注文学的教学价值,那么学生会从课堂大量消失。但是教师也应该跟学生澄清,文学的教学价值绝不仅在于教授单词、词组、语法等英语语言知识。

笔者在文学教学过程中对学生CDY进行深度访谈时问她:"有人说文学作品阅读的核心应该是文学中的价值,而不是学生直接受益的英语语言能力。你怎么看待这个问题?"学生CDY回答道:"我对这个观点不是很认同,两个方面都应该兼顾。我们高中生还是要培养语言能力,但是文学中的价值也要挖掘。可能我们要等到大学读英语专业时才能更好地探索文学中的价值。让我们直接受益的英语语言能力对我们来说非常重要,两方面都要兼顾。但是现在的文学阅读可能更注重文学价值的探索。我们班上3位女同学离开你的课堂有一部分原因是语言知识点的教学比我们正常英语课堂少一些。"

参加文学阅读的学生主要是高二上学期的学生,因此教师在教学过程中要关注学生学习语言知识,学生在教师指导下要学习和积累词汇、句型和语法知识。教师要求学生预习文学作品内容,清除讨论中的障碍。同时教师鼓励学生在课堂提问难词汇和句子中存在的问题,也要求学生在课后整理和背诵重要词汇和句子。教师要听写阅读文本中学习过的词汇,要求学生对文本中的优美句子进行文学赏析,感知审美话语,体会文中措辞,翻译文中长句和难句。教师对学生的学习进行形成性管理和适度鼓励,帮助学生通过精读掌握英语语言知识和提高英语语言能力。

教师在词汇教学过程中应该要求学生使用关键词和关键短语概括几句话组成的语义群,以及一个段落或者几个段落组成的语义群;要求学生解读文本标题的丰富含义。而且,教师在依托文本语境开展词汇教学和严格要求学生使用关键词进行概括时,一定要在文本中找到支撑观点等原文证据。

教师在英语文学作品阅读教学过程中一定要关注显性和专门的单词、词组、语法的教学,这是学生开展英语文学阅读的基础。但是仅仅这样是远远不够的,教师还要关注阅读教学、写作教学、口语教学、模糊容忍度教学、猜词策略教学等,使用英语讲解文本文化知识和文学知识。学生在这一系列学习过程中隐性培养自己的英语语言能力。

读者在阅读过程中要充分利用上下文语境推测不理解的单词的含义和句子意义,有时候找出关键词就可以,不重要的内容可以忽略掉,想办法和作者达成共识(艾德勒、范多伦,2014)。阅读不是被人教会的,也不是读者辨识、关注和解读每一个词汇的过程,而是指读者以句子的意义为单位开展的信息解读,读者应该在阅读过程中使用图式积极预测作者表达的内容。

　　同时教师也应该科学使用泛读方法培养学生关注阅读的整体性、数量和流畅度的习惯。例如学生 CDY 在接受深度访谈时这样说:"我觉得阅读能力有提高……在每次写读者反应之前,我们被要求回答一些问题,例如第一个问题都是 main idea(主旨大意)……这可以帮助我们整体把握文章,使文章的意思更明朗,而不会东拉西扯。"笔者在对学生 MPH 进行深度访谈时问她:"你喜欢采纳泛读的教学方法阅读文学作品吗?"学生 MPH 回答:"我认为没有必要要求学生认识和背诵每一个单词和短语,读懂文章就可以了,我们没有那么多的精力去查单词,查单词会打断阅读,影响我们的阅读速度。你教会了我根据上下文猜文中不会的单词、短语和句子意义的方法,而且我明白了阅读时应该领会要旨,把握文章的写作技巧,而不是完全拘泥于理解字词的意义。"

　　教师也应该教会学生自由和自主地开展阅读,并进行持续默读。学生可以自主选择阅读材料和开展广泛阅读,因为广泛阅读有利于学生阅读能力和写作能力的进步(Mason and Krashen, 1997)。例如笔者在对学生 LY 进行深度访谈时问她:"阅读文学作品和回答阅读理解问题对你的写作有什么样的影响?"学生 LY 回答道:"对我写句子有好处。过去我写的句子好低级。我先用汉语想好,再翻译,很难有完整的句式,没有一点句子的意识,不能很流畅地表达。现在阅读的文章多了,我阅读了 7 万字的英语文学作品。我每次为了不让自己失望,都是写几遍才交。我在写作过程中,通常反复阅读文章。现在我能够更快地理解文章的主要意思,而且能够比过去更快和更流畅地把句子写出来了。我已经不再像过去那样先用汉语想好,再进行翻译了,那样很难有完整的句式。"学生 LY 的话语验证了两个语言学习规律:第一,在阅读中学习阅读;第二,在阅读中学习写作。写作对阅读学习有一定的促进作用,因为学生为了回答阅读后的阅读理解问题,要反复阅读文学文本。同时学生在反复阅读文本的过程中可以提高阅读和写作能力,因为学生在阅读过程中有大量的英语语言输入,语言信息进入学生的记忆系统,变成长时记忆,学生能够在写作时以最少的时间提取信息,这就提高了语言流利度、准确度和复杂度(Skehan, 1998)。

　　教师要通过引导性问题促使学生关注字面阅读、推理阅读、批判性阅读等精读方法(Alderson, 2000)。例如笔者问学生 CDY:"你回答基于读者反应理论设计的阅读理解问题时,你知道我的目的是什么吗?"CDY 回答:"培养我们的阅读能力、概括能力和阅读后写作与表达自己思想的能力。"笔者再问 CDY:"你认为老师设计的题目有助于你理解这些文本吗?"CDY 回答:"有。有些时候自己通读文章一遍后发现有些内容看不懂,但是看了老师设计的题目后,带着问题去读文本,就会发现有很多的内容被漏掉了。我认为老师设计的引导性问题很重要,起到了提纲挈领的作用⋯⋯比如老师一步步地教学生思考,引导学生去解决这个问题的效果,比直接告诉学生答案的效果好得多。所以教师的引导可以培养学生的思维能力。"

阅读史的深度和宽度决定了一个人的阅读能力,在某种程度上宽度更加重要。就广泛阅读的价值而言,拥有的知识越多,人就越容易理解新知识;拥有的知识越少,听取或阅读新知识也就越困难(外山滋比古,2014:58)。这是因为精读是泛读学习的实验田,泛读是精读学习的基础和源头。学生在泛读中可以获取广博的知识,泛读侧重培养学生的文本整体理解能力和训练学生的阅读策略,精读利于培养学生深度解读语篇和深度学习的能力。例如笔者采访学生ZLJ:"你赞同文学泛读的教学方法吗?"学生 ZLJ 回答:"泛读和精读各有好处,但是长文本的阅读应该采取泛读方式。采纳精读方式开展学习首先很耗时间,其次也没有什么意义。"笔者再问她:"泛读对你阅读高考短文本有帮助吗?"学生 ZLJ 回答:"有帮助。"笔者再问她:"你认为有什么帮助?"学生 ZLJ 回答:"高考中的完形填空,应该是精读吧,它有很多空缺的词,差不多两个词,但是你可以根据上下文语境选择最恰当的那个。这都是通过阅读长文本,并在阅读过程中体会这些词在上下文中怎么使用才能够培养起来的能力。你的猜词训练,就是在培养我们根据语境理解词的含义的能力。"

九、科学开展阅读和讨论

文学阅读教学应该在课外自学、课堂讨论和教师授课三者的有机结合下开展。学生对文学作品的解读质量直接影响文学作品讨论的成效。教师要给学生时间预习文学作品。高中学生学习负担比较重,学生阅读文本的时间紧张,教师可以在早读时间监督学生预习文本,要求学生阅读三遍文本。

但是学生在开展文学讨论之前一定要深度地单独阅读文本,深刻体会文本意义,形成丰富的阅读体验。阅读是读者反复阅读文本的内在阅读活动,反对在自己没有深度阅读文本之前开展解读(这是外在阅读活动),例如在阅读文学作品前,就阅读有关这本书内容的评论(艾德勒、范多伦,2014)。为了帮助学生成为一个独立的内在阅读者,教师设计了基于读者反应理论多维度的问题链,要求学生阅读后回答问题和写作读者反应。根据学生反馈,教师发现这给予学生充分和文本对话的机会,学生至少需要阅读文本三次才可以比较顺利地完成作业。

教师至少提前一周分发文本,在每次上课前两天收集学生阅读理解文本后回答的问题和写作的读者反应进行批改,在课堂上采纳口头和书面的方式表扬认真阅读文本后完成作业的学生,这为保证有质量的文学讨论和师生课堂教学互动奠定基础。例如笔者在深度采访学生 CDY 时问她:"你要读几遍才能够读懂文本? 读懂是指你能读懂 75% 的内容,有 50% 的内容读不懂就证明文本太难。"(Betts, 1946)CDY 回答:"我能读懂,但我要读至少三遍才能懂。在阅读第一遍时,我不看引导性的问题就阅读。一边阅读,一边猜测不认识的单词,了解文本的大概意思、故事情节、人物等内容,找出主要的事件。我不看你的问题,还有一个重要的原因是我首先不想让你的问题干扰我阅读时的猜测和对故事的想象,不想先入为主,被你的问题'牵着鼻子走',那样就没有意思了。在阅读问题的引导下阅读第二遍,一边阅读,一边回答阅读的问题,然后从头到尾再读一遍,找出我感兴趣的地方和不懂的地方,准备在讨论时问别人。这次的阅读速度慢一些,一边找和体会文本中你平时教我们的文学写作方法和手段,一边找出不懂的地方。我喜欢采纳关键词概括一段的意思,有时不会写英语,我就在旁边写汉语,关键词被联系起来,就是文章的思维导图。最后再完成读者反应写作。如果自己都不认真阅读几遍,那又跑到课堂讨论什么呢? 浪费 80分钟。"笔者再问学生 CDY:"在这些文本中,你读不懂哪个文本?"学生 CDY 回答:"对我来说,没有难度,阅读它们是没有压力的。但阅读文本的时间对我来说,有点太紧张。阅读一篇 3 000 字左右的英语文章,完成作业和写作读者反应要花我一个晚自习的时间(3.5 小时)。"例如笔者在深度采访学生 MPH 时问她:"请你讲一下从你拿到文本到写作第二次读者反应的过程。"学生 MPH回答:"第一遍,我先看标题,猜一下文章会讲什么,然后马上阅读文章,对文章有个大概印象,知道故事大意和文章框架。第二遍,看问题,再到文章中去找答案,在解答阅读理解问题的过程中,我了解了故事的内容、写作方法等,接着回答问题,写读者反应。第三遍,在课堂上一边看文本,一边听老师讲。"其实CDY 同学阅读的次数是多于三次的,MPH 的阅读次数为三次,学生的阅读方法和策略符合教师的要求。CDY 的阅读策略和方法优于 MPH 的阅读策略和方法，CDY 会采纳预测、概括关键词、画思维导图等方法开展泛读、精读和复读，并记录难点，采纳总分总的阅读方法阅读和理解文本。

在文学阅读过程中，教师要求学生在任务驱动下阅读文学作品。教师要提前把阅读任务和引导性问题发给学生，同时要求学生在明白所有问题后开展阅读。教师应该按照读者反应理论多维度设计问题。任务必须要包括理解文学作品文本事实性信息和价值观，否则文学作品的阅读价值就不会被充分凸显。

教师要求学生讨论问题时必须体现以下内容：文学作品的特点，读者反应理论的方法，文学阅读的人文性特点和文学想象性功能。讨论必须建立在学生至少阅读文本三遍后基本理解了文学作品内容的基础上。讨论是学生深刻加工和理解文学作品的过程，也是教师答疑解惑的宝贵机会。

十、发挥好两次文学讨论的价值

（一）文学讨论的价值

现在学生的学习方式发生了重大变化。学生利用国家倡导的自主、合作和探究方式开展学习。教师应该培养学生主动和积极的学习心态，给予学生足够的权利选择符合自己能力的文学阅读材料。学生是否具备单独阅读和集体讨论学习的能力是衡量学生是否形成优秀学习品质的重要内容之一。学生应该在参与式的学习过程中通过多元观点碰撞取得有意义的发现，而文学讨论恰好给学生提供了这样的机会。

文学讨论在一定程度上促进了读者个人和讨论小组的学习能力和学习策略的提升、文化意识和批判性思维能力的形成，以及心理的发展（Langer，2011）。学生在阅读和讨论过程中在一定程度上摆脱了育人的传递主义（重文本承载的价值观的解读和传递，轻读者意义的建构和表达）和育人的技能主义（重培养学生阅读技能的控制性培养，轻语言学习的实践性）（张金秀，2019；张金秀、国红延，2020）。文学讨论中小组讨论和班级讨论能够促进阅读者探究和深入理解文本，读者在讨论过程中先自我独自理解和阐释文本，再倾听他人的阐释，并提出自己的问题。这是一个探索文本的机会，也是读者再次深入理解文本，多角度和深度思考问题，求同存异，完善自我观点的好机会。讨论帮助了学生的认知发展，为学生未来生活做了准备。学生在讨论过程中学会了合作，在合作过程中开展了深度学习,在学习过程中解决了自我认同问题,从而发展了自己的自省、同情和移情能力。学生在这一系列学习过程中,可以助力自己的心理健康和人生成长。

(二) 文学讨论活动

学生阅读英语文学作品后完成阅读理解问题,书写第一次读者反应,在课堂进行文学讨论。6～8 个学生成立一个学习小组开展交流。学生组内异质,组间同质,组内互助,组间竞争,组内外互相学习和交流,组间互相评价,开展合作性学习和讨论。教师可以参与学生讨论,如果学生在学习讨论时有困难,教师可以调整学生活动,及时给予学生帮助,多鼓励,少批评,及时指出问题,减少学生情感过滤和学习焦虑,帮助他们学习和成长。当学生在一起讨论时,教师要关注学生的讨论观点是否来自教材和学生生活经历。教师要鼓励学生积极提问,尤其在学生碰到阅读困难时。当学生已经习惯这种讨论方式时,教师可以作为学生活动观察者,在学生有需要时才可以参与。教师在进行观察时要关注学生活动内容和过程,防止学生过度关注过程而对教学内容关注程度不够,导致学生最后不能够理解文学作品的深层次问题。

文学讨论利于学生的以下方面:学生深刻理解文学作品的深层次意义;学生学会分析文学作品意义和表达自己的理解;学生共享对文学作品的理解;学生在互动过程中学会关注文学作品和使用文学作品证据支持自己的观点,形成自己的评价;学生提升再认、理解、分析和综合评价文本信息的能力和合作能力。

(三) 开展两次文学讨论

学生在文学圈中的讨论包括在英语课堂的组内讨论和同一个话题结束时的讨论。第一次讨论文学作品的不同问题,开展信息差的交换。讨论问题包括理解文学作品内容的文学教学和理解文学作品育人价值的文学教育两方面的内容。

第二次讨论是在学生结束学习相同话题的基础上,教师请学生讨论文学作品的育人功能。这也是学生利用文本开展文学教育的一次机会。第二次讨论话题的内容如下:近期你在阅读文学作品时有哪些育人的体会? 你生活中也有这样的例子吗? 请举例。

第二次讨论有别于第一次讨论。第一次讨论使用英语,也可以使用母语。

第二次讨论使用母语,这能够帮助学生自如地表达自己的想法。讨论是本次文学教学的关键。第二次讨论的价值比第一次的价值更大,因为学生学习了英语文学作品后,经过一段时间的深思熟虑,有了深刻的体会和感悟。例如教师在深度采访学生 ZLJ 时问她:"请你发表一下对文学讨论的看法。"学生 ZLJ 回答:"第一,通过谈论我形成了辩证看待世界的思维。第二,大家能够自由和勇敢地表达自己的想法,这锻炼了大家的语言表达能力。第三,通过阅读讨论,我们可以把作品中作者想表达的价值吸收进去,改变我们对人生和世界的看法,然后改变我们的行为,形成一种健康心理。例如在学习文本 *Jake Drake: Teacher's Pet* 中紧张的师生与同伴关系时,我发现老师太喜欢他了,这造成同学对他的误解。通过大家在课堂上的讨论,我们找到了一种解决问题的方法,我们应该像主人公一样和老师沟通。所以嘛,不要什么事都憋在心里,多与父母旁人沟通才能够更好地解决问题和麻烦。"教师再问学生 ZLJ:"你认为第二次文学讨论有必要吗? 为什么?"学生 ZLJ 回答:"第二次讨论是在我们学习了几个相同或者相关文本后开展的小规模讨论,我认为这次讨论使我们更加清楚了文本对我们的人生教育,这次我们不讨论英语语言知识,我们实话实说自己的读者反应,一直是在讲这些作品给我们的一些人生启迪。"

因此,阅读要和思考结合,学生在讨论前要精心准备思考问题,在讨论中和在思考中发现解决问题的方法,互相学习,体会文学作品的育人价值。

十一、开展文本深层和浅层意义解读

教师应该引导学生在开展文学作品解读时关注文学作品的表层含义(作者表达的内容,文本教学内容)和深层含义(作者想表达的内容,文学育人内容),不要放弃文学阅读的人文性教育功能。这正如周郁蓓所言,文学作品是元语言最佳充当者,文学作品不仅为学生提高丰富情感体验,也为他们提供层次丰富的认知和交流对象。文学作品可以提供情感回应和情感认同,生成情感愉悦和情感共鸣(周郁蓓,2016:32-33)。

教师应该在文学阅读和讨论过程中科学结合和转换主观和客观取向。在讨论中探索文学的可能性视域,读者处于文本之外,以批判性立场,构建文学想象,通过读者反应的方式开展文学阅读,这是主观的文学取向。但是,在文学阅读过程中,当阅读的焦点是研究文本的主题或者文本的某方面或者整篇文章时,应该采纳维持一个参照点的取向,开展信息性阅读,采纳客观公正的态度解读文本(Langer，2011)。

因此在文学阅读过程中，学生在挖掘文本中的事实性信息时，在开展以文本为中心的文学信息阅读时，应该采纳客观取向，这是学生理解表层含义的过程。在构建文学想象的过程中，在开展以读者反应为中心的文学审美解读时，应该采纳主观取向，这是学生理解文学文本深层含义的过程。阅读者在两种文学阅读的取向转换中进行表层和深层含义的理解。

十二、平衡好教学中阅读、学习语言知识和教师讲解三者的关系

教师应该平衡好教学中阅读、学习语言知识和教师讲解三者的关系。例如笔者在对学生 ZL 开展深度采访时，她这么说："我们英语老师在教我们一些短文章的精读，她逐个讲解文章中的单词，把单词引申出来的意义也全部讲出来，要我们背了再听写。但是老师你在教授长文本时并没有在意这些，所以说一开始我们很困惑，但是后来通过老师的一些教学和引导，我们自己也学会了怎样从文本中去理解词语的意思，过了一段时间我发现在阅读时没有必要去逐字逐句地全文翻译，没有必要理解清楚每一个字和每一句话，不是什么内容都需要精讲。"笔者马上再问她："你是不是不管这些不理解的地方了？你能告诉我你是怎么解决它们的吗？"她赶快回答："词语不懂就读句子，句子不懂就读段落，段落不懂就读全文呀。单词和整篇文章是有联系的，读不懂一个单词的时候，肯定能从另外一个句子中找到答案，理解单词的意思，而且你教给我们文章中词汇的同义复现和同义互现。"笔者再问她："那如果你读不懂句子，你应该怎么办？"她这样回答："那就读一个段落，你讲了读不懂句子，就利用观点句、解释句、例子句等理解文本，不可能一个句子也不懂吧。"

教师应该在帮助学生学习英语语言知识和提高英语语言能力的基础上开展跨文化教育教学和价值观教育教学。学生应该在教师引导下，基于读者反应理论，在学习共同体的文学讨论氛围中培养独立思考的能力，理性判断学习成果，获得智慧交流和人格发展方面的进步(胡文仲，2006)。

教师提倡长时间浸泡式阅读文学作品，在本次文学阅读过程中，学生至少要阅读三次文本，才能够回答阅读理解后的问题和完成读者反应的写作。教师反对将做练习题和考高分视为阅读的唯一目的，教师应该引导学生掌握英语知识，提高学生英语语言能力。例如，在学生结束第一次讨论后，笔者询问学生在解读过程中遇到的难词、难句等难点。高中学生要关注学习语言知识，教师要

检查学生语言知识学习情况,督促学生学习。同时,当学生在阅读中遇到语言困难时,教师应该给予帮助和进行必要的讲解。

十三、科学使用读者反应理论开展文学知识教学

笔者反对教师只讲文学理论和文学概括性结论,而忽视学生的学习重点是建立在阅读文学作品后形成的读者反应之上的;反对教师不把学生作为阅读主体;反对教师忽视学生读者反应体验;反对教师把他人对文学作品的体验、观点和判断型结论直接给学生或要求学生直接背诵的错误方法;反对学生以观看电影等方式代替认真阅读文学作品和体验文学作品;反对教师要求学生写作千篇一律的读者反应;反对教师给读者反应贴标签和评等级。教师要尊重不同学生基于生活阅历和文学作品形成的体验。

本研究发现在文学作品教学时要进行两次读者反应写作,第一次读者反应是学生单独阅读时获得的,学生对文本的理解不是特别全面。第二次读者反应是学生在聆听他人读者反应后经过思考获得的,它的育人价值应比第一次读者反应的价值大,因为这是集思广益的结果。

文学阅读教学要关注文学知识教学,因为学生了解文学知识后会更容易理解文学作品。但是文学知识教学的原则是帮助学生理解文学作品,在学生学习了文学知识后,教师要引导学生应用文学知识解读文学作品,而不要在阅读前先入为主地讲解文学作品知识,应该在学生小组讨论结束后,顺理成章地讨论文学知识在文学作品中的应用。当学生对语言有一定感悟后,教师再讲解文学知识,避免先入为主地讲解文学知识的现象。例如教师在深度采访学生 CDY 时这样问道:"你认为文学知识应该是在文学讨论前讲,还是在文学讨论结束后分析文本时讲?"学生 CDY 回答道:"如果你自己都没有体验,你肯定摸不着头脑,不明白老师在讲什么文学知识。如果直接讲,就少了学生自己思考的环节。所以我认为应该在我们阅读和体验了文本之后再讲文学知识。"其实这种体验式学习方法来源于行为主义心理学,符合在"做中学"和在"学中做"的教育理念。

在阅读理解练习过程中,教师设计一些练习引导学生体会文学知识在文学作品解读中的价值。教师在文学作品阅读教学过程中应该教给学生文学知识,帮助学生熟悉文学语篇,了解文学写作方法,帮助学生能够更好地使用文学知识解读文本,形成丰富的文学想象,但是文学知识不是学生在无意识的过程中

学会的,而是学生在一定的文学知识感性体验基础上学会的,文学知识应该成为教师教学内容的必备部分(Culler,1981)。

学生如果不能在读者反应理论的引导下主动参与开放性文学阅读(但是这些才是文学阅读中最重要的关注点),就无法在文学阅读过程中发挥主动性(王泉根、赵静等,2006)。

同时,尽管本读者反应理论视域下的文学阅读教学采纳了读者反应的方法,但是读者反应教学只是教学方法之一,只有传统的教学方法与读者反应教学有机结合才能够使文学阅读教学顺利推进。文学阅读教学本身在中学英语教学中是很重要的,有效的教学手段的充分使用则是促使这种重要性实现的一个条件。

十四、形成多渠道语言输出和关注语言输出质量

学生反复阅读后,教师要关注学生的英语语言输出质量,处理好阅读、口语和写作的关系。教师要对学生的英语语言输出进行评价,并且把它们纳入学生的形成性评价体系。教师要特别关注学生的创造性写作(读后创作和读后续写),通过阅读提高学生写作能力,通过学生再次和文本互动的方法促使学生充分关注文本语言和篇章特点。学生在阅读英语文学作品的过程中依托文本语境开展写作练习。学生在承接、预测、拓展、补充前文内容的基础上开展写作,激发文思(王初明,2019)。教师应培养学生的创造力,帮助学生学习英语语言,实现以读促写、以写促读的教学目的,培养学生在理解和承接对方话语后表达自己思想的能力(王初明,2019)。

读后创作有三种方式:学生可以以文学文本的概要性方法写作读书笔记、写作读者反应和基于文学作品开展创造性写作。教师在概要性写作训练时要求学生抓住文本要点,选择词汇和语法,关注语篇衔接和连贯。教师要培养学生综合分析、概括文本的能力和使用自己的话语表达文本意义的能力。例如在文学教学过程中,笔者要求学生阅读一篇文学作品后进行 200 字的概要性写作。笔者在结束文本 The Avalon Ballroom 的教学后,要求学生依托文本内容,开展写作。笔者在对学生 MPH 深度采访时问她:"你续写了 The Avalon Ballroom 的故事吗?"学生 MPH 回答:"写了,我在续写中写了作者去了梦想的普林斯顿大学学习,写了她在那个城市的地位,以及她取得了什么样的成就。还写了她成为医生后给她们家的经济带来了什么样的变化,最后写了她回去看

望不肯借钱给她上大学的祖母的尴尬场景。"笔者在深度采访学生 ZLJ 时问她："读后写，以及回答阅读的问题对你英语写作有帮助吗？"学生 ZLJ 回答："有帮助，因为阅读后要使用英语准确表达自己的观点，回答阅读理解问题，只有概括后才能够正确回答问题和表达观点，这帮助了我的英语写作。"

同时，教师要关注学生预习内容时、学生讨论时、学生汇报和写作时的英语语言的输出质量。而且，教师应该开展阅读文学作品后的翻译活动，要求学生对文学作品中的一些优美单词、短语、句子和段落进行翻译。例如在 *Early Autumn*、*The Discus Thrower*、*Riding up to Ruby's* 的文本阅读教学后，教师要求学生翻译文本中有关环境描写的内容；在 *The Discus Thrower*、*Riding up to Ruby's*、*The Pill Factory* 的文本阅读教学后，教师要求学生翻译文本中的人物动作描写的句子。教师也可以要求学生翻译一些比较长和难的句子，因为这可以提高学生的语法能力，培养学生解读文本的能力，帮助学生在一定程度上解决理解能力高、输出能力低的难题。学生在密切和文本互动的过程中，可以构建文学想象和欣赏英语文学作品。

但是，教师要注意不要给学生安排大量写作练习，尽量少布置作业，防止挫伤学生的阅读积极性，导致学生退出文学阅读或者没有时间深度阅读文本。创造性写作应该在学生结束师生互动以后开展。教师不要在学生每次阅读一篇作品后，就要求他们开展写作，学习相关话题后可以进行写作。文学阅读主要是培养学生喜欢阅读和大量阅读的习惯，不动笔墨也可以看书(温儒敏，2019)。

十五、挖掘文本文化价值和实施跨文化教育

应该禁止教师在教学中没有真正体会文学作品所承载的文本价值和文学教育价值就匆忙开始教学的做法。教师在引导学生阅读文学作品的过程中应该挖掘文本承载的文化和价值观，帮助学生从以下三方面体会文本中所承载的价值观和开展跨文化教育：学生在阅读文本的过程中应该积累一些体现文化的词汇和学习文化知识；学生在体会和讨论文化知识时，在分析文化差异和形成差异的根源时，在学习文化价值观的过程中，应该形成跨文化意识；学生应该对异国文化保持开放、包容的态度，进行换位思考。如果学生对文本中承载的文化不了解，教师有责任和义务教会学生理解异国文化和价值观，帮助学生开展跨文化学习。

十六、采纳互文理论开发和建设课程

笔者在本次建设英语文学课程和开展教学时采纳互文性理论：①选择 10 个和学生生活形成互文性的话题；②每个话题中至少选择两篇形成互文的文章；③所选择的文本和学生阅读过的中文或者英语的文本建立互文性；④学生进行文学作品的互文鉴赏后，形成了丰富的读者反应。学生在解释文学作品中的角色时，在开展文学作品内容间的互文性评价时，在开展文学作品写作方法的互文性评价时，以及在阅读文本时，结合个人经历、其他文本、影视剧和文化进行文学作品的互文鉴赏。

笔者通过分析得知学生能够建立互文性主要有两大原因：首先，教师的选材为学生成功理解文本和建立文本间的互文性奠定了基础；其次，学生的语言能力达标，且阅读符合其语言能力的文本，是形成互文性的关键。

（一）科学的选材是形成互文性的基础

教师在选择阅读文本时，严格遵循关联性、可理解性、真实性、趣味性和主题性这五大原则，为学生成功理解文本和形成文本间的互文性奠定了基础。

1. 关联性原则

基于关联性原则的阅读可以给学生带来以下好处：理解生活中存在的冲突，帮助学生找到解决问题的办法，培养学生分析问题和解决问题的能力；使学生在阅读和青少年生活相关的文学作品的环境中，实现读者与文本、环境和自己的人生体验的对话，从而帮助学生成长。学生熟悉的话题不但能够使学生在阅读过程中感到亲切和形成阅读期待，而且能够更好地引发他们的共鸣和帮助他们获得情感、文化、审美和价值观的体验。例如实验学生 LY 在访谈中谈道："文学作品本就源于生活，经过品味，我对生活有了更深的了解。这能够帮助我的心智更成熟，为未来步入社会做好准备。"

教师在选择阅读文学作品时，应选择和学生生活形成互文的文本。因为心理学研究证明同伴群体在学生成长中意义重大，同伴间真正的情感联络和共鸣可以内化成力量，帮助学生积极地进行自我调节（李晓文，2001）。

基于关联性原则所选择的文本和学生曾阅读过的中英文本应建立一定互文性，教师应该选择高质量的文本和学生熟悉的文本，而且英语文学读物应该要和学生在母语中阅读过的材料进行联系（Rivers，1981），这样利于学生建立互文。

2. 可理解性原则和真实性原则

在文学教学时，选择的材料应该是学生可理解的，这样才能够利于学生开展互文性的文本解读。为了帮助学生在可理解的语言输入条件下开展学习，教师在选择教材时应基于学生丰富的经验，控制词汇难度，选择可以培养学生语言能力和提高学生阅读素养的合适文本，选择能够反映文化多样性，而且能够吸引学生投入文学阅读的文本。教师也应该选择符合教学需求、学生阅读需求和能够达到阅读课目的的文本。教师应该从陌生词汇量、文本结构难度等角度考虑文本的可读性，选择以英语为母语者所创作的文本。

文学选材真实性原则应该保证语言表达的纯正和选材的质量，最好选择英文原版读本。原版读本不做任何改动，保证语言表达的地道性和语篇的原汁原味。

3. 趣味性原则和主题原则

学生 CDY 在实验结束后的访谈中说："我记得这次实验的英语文学作品实际上不是枯燥无味的，而是人物鲜活、道理深刻的。我非常喜欢它们，因为我们不仅可以从中学到很多知识，提高阅读能力，还可以调节高三紧张的学习氛围。"这证明文学阅读应该基于趣味性原则开展。教师应该选择学生喜欢的文学作品开展文学阅读教学，因为选择学生喜欢的文学作品是激发学生学习过程中学习内在动机的第一步。文学作品的选择和讨论题目要能激发学生的内在动机，应该能够满足成长中学生的生理、心理和社会发展的需求。只有这样的作品才能够赢得学生喜欢，满足学生需求和激发学生学习热情，才能够实现从阅读到"悦读"的跨越，引发学生的共鸣，才能够帮助学生的英语学习和人生成长，从而实现文学作品的人文性和工具性价值。所以，学生对文本感兴趣利于他们开展互文性文学欣赏。

基于主题性原则开展互文性的文学欣赏时，学生要体会文本的主题，尽量挖掘文本蕴含的潜在价值观，从而发挥文学作品的人文功能，帮助学生健康成长。教师选择的文本所涉及的主题应多为选择性的两难话题，因为这可以帮助学生在未来面对困难时学会自己思考，平衡利弊，以做出慎重和理智的选择。选择是文学和人类永恒的主题，基于主题性原则开展互文性的文学欣赏利于培养学生多角度思考问题，启发他们的智慧，为学生未来的选择提供帮助。

（二）适合语言水平的文本是形成互文性的关键

语言学习是无意识的过程，只有我们的信息是可以被理解的，我们才能学习语言。本研究发现梅培军和黄伟在 2018 年的语文阅读教学实践中使用互文理论开展教学的方法同样适合于英语文学阅读教学。因为笔者在访谈学生的过程中和分析学生的课程汇报时发现 30 名学生中的 20 名学生这样说："我只有读懂了文学作品，才能够把一个文本与其他文本之间进行联系，我才能够实现互文，才能够实现和语文课中一样的互文；如果我语言不过关，连文章都看不懂，就无法形成互文。"这些学生的话语揭示提高学生的语言能力和选择符合学生语言能力的可理解文本是成功形成互文性的关键。学生只有理解阅读的英语原著文学作品，才能够产生互文，才能够使用母语中的互文的方法去开展外语的互文性阅读。这启迪我们：在我国以英语为外语的文学阅读教学中，要大力提高学生的英语语言能力，尤其是在基础教育阶段，针对中低等英语水平的学生，更需持续强化其语言基础。因为有限的外语或者二语的语言能力阻碍一语中阅读策略的迁移(Cziko，1978；Clarke，1979)，选择的材料要和学生的英语语言能力水平相匹配，应该形成可理解的语言输入。

本研究发现学生通过以上方法形成的互文性可能与教师的选材有密切关系，教师选材是遵循真实性、关联性、可理解性、趣味性和主题性原则进行的。本研究发现在语文教学中使用的互文的方法同样适用于英语文学阅读教学。这表明提高学生英语语言能力和选择学生可以理解的文学阅读文本是成功开展互文的关键。本研究在一定程度上可丰富英语文学阅读教学的方法。

十七、建构积极育人的英语分级阅读课程

教师应该建设积极育人的英语分级阅读课程，实现从阅读教学到阅读教育的变化。教师应该积极从课程价值、内容、实施、评价等方面建设英语课程。课程价值应该从英语教学向英语教学和英语教育并重转变。课程内容应该实现课内的教材教学和课外的广泛阅读相结合。课程实施应该从以教师为主导转变为以学生为主体，开展分级阅读，学生采用单独阅读和文学讨论的互助式学习模式。课程评价应该从学生阅读情感的培养、阅读策略的应用、阅读意义的建构、阅读视野的拓宽等方面开展。

教师应该营造良好的阅读文化，培养学生的阅读情感，实现以下转变：从重

视字词识别的一秒钟阅读到重视篇章理解的一分钟阅读,再到重视积极阅读者培养的一年阅读(Carver,1997),最后到尽力培养阅读者的终身"悦读"品质。教师在指导学生阅读时,先开展学生阅读能力测评,选择适合学生阅读能力的文本,然后引导学生单独自由阅读,最后开展所有学生阅读同一英语文学作品的精读。

十八、坚持探索出的文学语言教学四部曲

笔者在本次教学中摸索出提高学生英语语言能力的四部曲:概括文本大意和情节,回答文本理解中的困难问题,写作读者反应,积累英语词汇、短语和句子。第一,教师要求学生写作大概 200 字的作文并回答问题,然后教师再选择一些学生在课堂上作三分钟的故事汇报,这可以帮助学生更好地理解文本大意和情节,培养学生的阅读、写作和口语能力。第二,在课堂师生互动中,教师回答学生在阅读中遇到的问题,或采纳一个学生提问、其他学生回答的方法,这利于学生更好地理解文本浅层和深层含义。第三,教师要求学生写作读者反应,因为阅读文学作品的目的在于唤起不同诠释,而不在于证实某个人的观点(费希尔,2009),因此在开展文学阅读时应该唤起学生在欣赏文学作品时的丰富的读者反应。学生可以使用英语或者汉语写作读者反应。第四,学生要重视词汇、短语和句子的积累,提高英语语言能力。

第九章 总 结

在本次探索性文学阅读教学过程中，笔者基于读者反应理论多维度问题链开展了一系列教学探索。笔者同时在教学过程中不断优化教学方法，收集数据，开展分析后得出结论。

第一节 研究创新

本研究有以下四个方面的创新：

第一，课程建设的创新。为了帮助学生在阅读英语文学作品的过程中获得学习成就感，笔者开发了一系列适合在中国紧张高考"育分"环境下建设高中英语文学阅读课程的方法：英语文学阅读课程教学大纲；文学阅读 PISRCAWID 教学历程；读者反应理论多维度的教学目标和评价；"问题导入—师生互动—感悟反思—巩固拓展"的文学讨论模式；和谐开展文学阅读的 20 个因素和 4 个维度。

第二，课程教学资源的创新。笔者根据文学作品的易读度、趣味性、教育价值、作品和学生生活联系程度、研究的目的等情况选择适合中国高中学生阅读的英语短篇故事，丰富了我国英语课程资源。

第三，课程教学方法的创新。笔者在读者反应理论多维度问题链的引导下开展了一系列文学阅读探索性教学活动，探索出了高中英语文学课堂教学和学习中应该协同的十八要素。笔者只有成功协同十八要素，才能够保证教师和学生顺利开展文学阅读教学和学习，才能够更好地帮助学生在学习过程中和学习后获得学习成就感。

第四，研究方法的创新。在本次文学阅读探索性教学中，笔者采纳民族志的"现实主义的故事"的方法和写作工作日志等方式客观记录了高中学生的学习过程,采纳微观民族志的方法探索他们在高考亚文化影响下的紧张的"育分"战斗中阅读英语文学作品时阅读态度的变化和解读西方英语文学作品中的价值观的方法。

第二节 研究结论

本研究有以下四方面的结论:

第一,教师只有在文学阅读探索中协同文学阅读课程建设、实施、评价等多要素,才能够成功地开展文学阅读教学,才能够帮助学生在学习过程中和学习后获得语言学习成就感,从而帮助学生成长。

第二,学生在阅读英语文学作品时的读者反应是在 Langer 提出的文学理论、读者反应理论多维度问题链的引导下的一系列文学阅读教学活动中形成的。

第三,学生在阅读文学作品时结合正在阅读文本的语言、个人经历、互文性和社会文化形成丰富的读者反应。学生主要依靠正在阅读文本的语言形成读者反应,其次结合自己的经历和文本间的互文性形成读者反应,结合社会文化来解读文本的学生比例最低。

第四,学生在基于读者反应理论进行一系列文学阅读后,阅读态度发生了积极变化,学生主要得到了情感、态度和价值观方面的收获,在文学阅读、欣赏文学表现技能和欣赏文学作品方面获得了一定的文学能力要素,提高了英语语言能力,一些学生也获得了一定的异国文化知识、国际理解能力和跨文化能力。以上变化帮助学生获得了英语学习和人生成长的成就感。学生在阅读英语文学作品和写作的过程中获得了上笙一郎(1983)提出的文学能力要素。

第三节 研究不足和展望

为了了解学生阅读英语文学作品时的收获和对教学的建议和意见,反思自己的教学,笔者在平时加强与学生的交流,聆听"守门员"意见。文学阅读结束时，笔者开展了小组焦点访谈，并对 5 名学生进行了深度访谈，要求学生书写文学阅读课程汇报。笔者整理语料后发现有以下不足：

第一，参加文学阅读的学生数量少，以高二为主体，性别以女生为主，学生英语考试水平是高级和中级水平。文学阅读时间紧张，学生学习负担重，学生主要在课余时间学习。文体选择单一，以短篇故事为主。文学阅读前后没有测量学生语言能力，没有发现学生在英语语言方面变化的强有力的证据。

第二，笔者采取读者反应理论开展阅读教学，目的是培养学生读和写的能力，增加学生词汇等语言知识和文学知识。未来教学应该关注学生听、说、读、写能力全面发展。

尽管文学阅读存在以上不足，但是文学阅读还是合理和有价值的，它探索出了在紧张的高中"育分"环境中，英语教师在什么条件下能成功地开设英语文学阅读课程，开展教学；学生在什么条件下能够获得成就感，获得的成就感有哪些，以及读者反应形成的基础和来源是什么。

未来研究青少年阅读英语文学作品时应考虑以下方面：第一，如果学习时间在一年以上，文学阅读课成为学校正式课程，那文学阅读课程应该如何开展教学和评价？第二，如果全部使用英语开展文学阅读教学和学习，学生是否可以适应？是否更有利于学生学习成就感的形成？是否会更好地发展参加文学阅读学生的英语能力？是否更有利于学生成长？第三，这次参加文学阅读的学生主要是高二学生，如果未来学生是中小学各年级学生，而且笔者使用其他理论指导文学阅读，那么学生参加文学阅读后又会得到什么样的收获？第四，未来教学应研究如何开展英语长篇小说阅读教学和提高学生英语语言能力。

附　录

附录1　问卷调查

亲爱的同学：

　　您好！

　　感谢您在百忙之中参与学校文学阅读教学情况调查,请您仔细阅读问卷并如实填写,您提供的所有信息仅做科研使用。

　　谢谢您的合作!

学校文学阅读教育教学研究课题组

姓名:　　　　　班级:　　　　　性别:　　　　　年龄:

　　填写说明:请在问题后面括号中真实填写您的想法,每题只能选择一个答案。

　　① 代表完全不同意　② 代表不同意　③ 基本同意　④ 代表同意　⑤ 代表完全同意

　　1. 我阅读作品的目的是了解青少年成长中的心理问题。(　　)

　　2. 阅读文学作品提高了我的健康意识,改变了我的社会行为。(　　)

　　3. 阅读文学作品帮助我实现道德的成长,激发我的个人成长潜能。(　　)

　　4. 阅读文学作品培养了我采纳模糊容忍度的方法处理我成长中的困惑。(　　)

　　5. 文学作品讨论和读者汇报帮助我体会了文学作品的育人价值。(　　)

　　6. 阅读文学作品时,我有独立意识。(　　)

7. 遇到困难和挫折时,我从阅读过的文学作品中获得精神安慰和解决办法。(　　)

8. 遇到新冲突时,我会将曾经阅读过的文学作品中他人的观点和自己的观点进行协调,形成自己对事件和意义的看法。(　　)

9. 文学作品中的人物可以支持我进行积极地自我调节。(　　)

10. 通过阅读文学作品和开展讨论,我形成健康向上的心理。(　　)

11. 我现在和未来会采纳移情观点来处理生活中问题。(　　)

12. 了解青少年内化和外化问题的预测因素能帮助我心理健康成长。(　　)

13. 与别人分享阅读内容让我有成就感。(　　)

14. 与老师或同学交流阅读成果给我带来学习的快乐。(　　)

15. 我现在能够主动创造阅读机会。(　　)

16. 我能够使用预测策略。(　　)

17. 我能够使用模糊容忍度策略,不太要求对句子和词语一一对应翻译。(　　)

18. 我在阅读过程中理解和意识到中西不同文化,认同其他人和其他文化,承认文化多样性。(　　)

19. 文学阅读帮助我在情感上更多地投入到阅读过程中。(　　)

20. 文学阅读帮助我有效巩固和拓展词汇的形式和意义。(　　)

21. 文学阅读提高了我的理解能力。(　　)

22. 文学阅读可以增加我的文化知识,培养我的跨文化理解能力。(　　)

23. 文学阅读培养了我的语言模糊容忍度。(　　)

24. 文学阅读帮助我发展了语言和批判能力。(　　)

25. 文学阅读激发了我的想象力和创新能力。(　　)

26. 文学阅读培养了我的文学意识,增加了我的文学知识。(　　)

27. 文学阅读提高了我的推测能力。(　　)

28. 文学讨论激发了我的学习内部动机。(　　)

29. 文学阅读培养了我评价作者观点的能力。(　　)

附录2　访谈提纲

在文学阅读结束时,笔者开展小组焦点访谈和深度访谈,访谈提纲如下:

第一,参加文学作品的阅读教学活动,

1. 有利于个人成长吗？为什么？

2. 能够帮助你学习英语语言知识吗？为什么？

3. 能够帮助你的英语阅读理解学习和为你提供英语阅读理解策略吗？为什么？

4. 能够帮助你学习英语文化知识吗？为什么？

5. 能够帮助你学习英语文学知识吗？为什么？

6. 影响了你的生活吗？为什么？

第二,如果未来还有机会阅读英语文学作品,你会单独阅读吗？为什么？

第三,请你给出英语文学阅读教学的意见和建议。

附录3 课程学习汇报写作提纲

在文学阅读结束时,笔者要求学生写作课程学习汇报,写作提纲如下:

第一,参加文学作品的阅读教学活动,

1. 有利于个人成长吗? 为什么?

2. 能够帮助你学习英语语言知识吗? 为什么?

3. 能够帮助你的英语阅读理解学习和为你提供英语阅读理解策略吗? 为什么?

4. 能够帮助你学习英语文化知识吗? 为什么?

5. 能够帮助你学习英语文学知识吗? 为什么?

6. 影响了你的生活吗? 为什么?

第二,如果未来还有机会阅读英语文学作品,你会单独阅读吗? 为什么?

第三,请你给出英语文学阅读教学的意见和建议。

附录4　H学生使用英语写作的读者反应

The Reader's Response to *I Have Got Gloria*

The story is about a boy named Scott who hated his math teacher, Mrs. Whitman, because she flunked him. One day, Mrs. Whitman's dog was lost. Scott wanted to scare her, so he called her and lied, saying that she had to pay $1,000 to get her dog back. After he talked with his father about this, he called Mrs. Whitman back and apologized to her. But to his surprise, Mrs. Whitman had already known the truth and who he was.

Scott was a boy who lacked responsibility and always made excuses when he was blamed. Mrs. Whitman was a math teacher who seemed mean and was strict with her students. She doted on her dog, Gloria. Scott's father was strict but loved and cared for Scott a lot. As the hero of the story, Scott was not entirely bad. Although he scared Mrs. Whitman because of the low grade she gave him, Scott didn't actually intend to take her money. Moreover, after his father taught him that people should be brave to admit they're wrong, Scott couldn't wait a minute to call Mrs. Whitman and make an apology. He knew how people would feel when they lost their pets, as he had been through something similar.

As for the strict math teacher, Mrs. Whitman, I think she is a gentle lady outside of class. Because she loved her dog very much, which proved that she was not a cruel person. And when she learned the truth, she didn't tell Scott's parents or scold him. Although Scott took advantage of her dog to hurt her, she didn't get mad.

If I were Scott, I would act similarly. Since I didn't learn math well, I couldn't blame Mrs. Whitman for the low grade. Lying was not right, particularly since Gloria was Mrs. Whitman's beloved dog. So I must take responsibility and make an apology to her.

Through this experience, Scott learned an important lesson about responsibility and honesty. The story reminds us that even in moments of anger, honesty can heal misunderstandings.

附录5　本书涉及的笔者论文、课题和成果

1. 2019年7月,完成了主持的市哲学社会科学研究规划课题:2019年度课题"基于读者反应理论的高中英语文学阅读探索性教学研究",课题编号为LZ19B126。

2. 2019年9月,完成了省教育厅科研项目"英语绘本对农村小学生英语阅读素养的培养研究",课题编号为18SB0680。

3. 2019年11月,论文《"大量文学阅读输入"对高中英语阅读态度影响的研究》发表于北大核心期刊《中小学英语教学与研究》,2020年12月获得市第十九届优秀教育科研成果一等奖,2021年11月获得四川省泸州市第15次哲学社会科学优秀成果三等奖。

4. 2020年7月,完成了主持的市哲学社会科学研究规划课题:2020年度课题"基于综合路径的高中英语文学欣赏性课程探索性教学研究",课题编号为LZ20A82。

5. 2020年12月,论文《中国高中生解读西方英语文学作品中文化价值观的研究》发表在《基础外语教育》。2022年1月,本文获得浙江省丽水市2019年到2020年市哲学社会科学优秀成果三等奖。

6. 2022年6月,论文《高中外语文学教育综合路径的教学策略研究》发表在期刊《基础外语教育》的2022年第3期。2024年1月,本文获得浙江省丽水市哲学社会科学优秀成果奖励三等奖。

7. 2022年12月,完成了主持的2022年度浙江省丽水市哲学社会科学常规课题"阅读青少年文学作品帮助学生成长的实证研究",课题编号为LCCG202247。

8. 2024年2月,完成了主持的市哲学社会科学常规课题"基于互文性理论的高中生英语文学作品阅读研究",课题编号为LCCG202343。研究成果《基于互文性理论的高中生英语文学作品阅读研究》2024年2月发表于期刊《基础外语教育》,2024年7月被人大复印报刊资料《中学外语教与学》的索引收入。

参 考 文 献

ACHENBACH T M. Manual for the child behavior checklist/4 - 18 and 1991 profile [M]. Burlington: University of Vermont Department of Psychiatry, 1991.

AEBERSOLD J A, FIELD M L. From reader to reading teacher: issues and strategies for second language classrooms [M]. Cambridge: Cambridge University Press, 1997.

ALDERSON J C. Assessing reading [M]. Cambridge: Cambridge University Press, 2000.

ALI S. The reader-response approach: an alternative for teaching literature in a second language [J]. Journal of Reading, 1993,37(4):288 - 296.

ALLWRIGHT D, BAILEY K M. Focus on the language classroom [M]. Cambridge: Cambridge University Press, 1991.

AMATO P R. Children of divorce in the 1990s: an update of the Amato and Keith (1991) meta-analysis [J]. Journal of Family Psychology, 2001,15(3):355 - 370.

BARTHES R. The pleasure of the text [M]. Trans. Richard Miller. New York: Hill and Wang, 1975.

BEGLAR D, HUNT A, KITE Y. The effect of pleasure reading on Japanese university EFL learners' reading rates [J]. Language Learning, 2012,62(3):665 - 703.

BELCHER D, HIRVELA A. Literature and L2 composition: revisiting the debate [J]. Journal of Second Language Writing, 2000,9(1):21 - 39.

BENNETT M. Development model of intercultural sensitivity [M]//KIM Y. The international encyclopedia of intercultural communication. Hoboken: John Wiley & Sons Inc, 2017:2 - 5.

BENTON M. Secondary worlds: literature teaching and the visual arts [M]. Philadelphia: Open University Press, 1992.

BERNHARDT E B. Challenges to reading research from a multilingual world [J]. Reading Research Quarterly, 2003,38(1):112 - 117.

BETTS E A. Foundation of reading instruction [M]. New York: American Book Company, 1946.

BLOEMERT J, JANSEN E, WIM V D G. Exploring EFL literature approaches in Dutch secondary education [J]. Language, Culture and Curriculum, 2016,29(2):169 - 188.

BLOOM H. The western canon: the books and school of the ages [M]. New York: Harcourt Brace, 1994.

BOYD M, MALOOF V M. How teachers can build on student-proposed intertextual links to facilitate student talk in the ESL classroom [M]//HALL J K, VERPLAETSE L S. Second and foreign language learning through classroom interaction. New York: Routledge, 2000:163 - 182.

BRUMFIT C J, CARTER R A. Literature and language teaching [M]. Shanghai: Shanghai Foreign Language Education Press, 2000.

BRUMFIT C J. Wider reading for better reading: an alternative approach to teaching literature [M]//BRUMFIT C J, CARTER R A. Literature and language teaching. Shanghai: Shanghai Foreign Language Education Press, 2000:256 - 261.

BRUMFIT C. Reading skills and the study of the literature in a foreign language [J]. System, 1981,9(1):243 - 248.

BYRAM M, MORGAN C. Teaching-and-learning language-and-culture [M]. Bristol: Multilingual Matters, 1994.

CAIRNS R B, CAIRNS B D. Lifelines and risks: pathways of youth in our time [M]. New York: Cambridge University Press, 1994.

CALLAHAN K L, SCARAMELLA L V, LAIRD R D. Neighborhood disadvantage as a moderator of the association between harsh parenting and toddler-aged children's internalizing and externalizing problems [J]. Journal of Family Psychology, 2011,25(1): 68 - 76.

CARTER C, MCRAE J. Language, literature and the learner [M]. New York: Routledge, 1996.

CARVER R P. Reading for one second, one minute, or one year from the perspective of reading theory [J]. Scientific Studies of Reading, 1997(1):3 - 43.

CHAMBERLAIN K, BURROUGH S. Techniques for teaching critical reading [J]. Teaching of Psychology, 1985,12(4):213 - 215.

CLARKE M A. Reading in Spanish and English: evidence from adult ESL students [J]. Language Learning, 1979(29):121 - 150.

COX C, BOYD-BATSTONE P. Crossroads: literature and language in culturally and linguistically diverse classrooms [M]. London: Pearson, 1997.

CRESWELL J. Qualitative inquiry and research design: choosing among five traditions [M]. Thousand Oaks: Sage, 1988.

CULLER J. The pursuit of signs: semiotics, literature deconstruction [M]. Ithaca: Cornell University Press, 2002.

CUSTODIO B, SUTTON M J. Literature-based ESL for secondary school students [J]. TESOL Journal, 1998,7(5):19 - 23.

CZIKO G A. Differences in first and second language reading: the use of syntactic, semantic and discourse constraints [J]. Canadian Modern Language Review, 1978(34):473 - 489.

DAY R D, BAMFORD J. Extensive reading in the second language classroom [M]. Cambridge: Cambridge University Press, 1998.

EAGLETON T. Literary theory: an introduction [M]. Oxford: Basil Blackwell, 1983.

EARLY M, MARSHALL S. Adolescent ESL students' interpretation and appreciation of literary texts: a case study of multimodality [J]. The Canadian Modern Language Review, 2008,64(3):377 – 397.

EDMONDSON H T. The moral of the story: literature and public ethics [M]. Lexington: Lexington Books, 2000.

ELLEY W B, MANGUBHAI F. The impact of reading on second language learning [J]. Reading Research Quarterly, 1983(1):53 – 67.

ELLIS R. Task-based language teaching and learning [M]. Oxford: Oxford University Press, 2003.

ELLIS W G, DONELSON K L, NILSEN A P. Literature for today's young adults [M]. 9th ed. Boston, New York, San Francisco: Pearson, 2012.

ENCISO P E. Cultural identity and response to literature: running lessons from Maniac Magee [J]. Language Arts, 1994,71(7):524 – 533.

FISH S. Is there a text in this class? [M]. Cambridge: Harvard University Press, 1982.

FIVES A. The association of attitude to reading and reading achievement among a representative sample of nine year olds in Ireland [J]. Reading Psychology, 2016,37(1): 27 – 54.

GHOSN I K. Four good reasons to use literature in primary school [J]. English Language Teaching, 2002,56(2):172 – 179.

GILROY M, PARKINSON B. State of the art article: teaching literature in a foreign language [J]. Language Teaching, 1996,29(4):213 – 225.

GOLDEN J M, GUTHRIE J T. Convergence and divergence in reader response to literature [J]. Reading Research Quarterly, 1986,21(4):408 – 421.

GOODMAN K. On reading: a common-sense look at the nature of language and the science of reading [M]. Portsmouth: Heinemann, 1996.

GOUGH P B. One second of reading [J]. Visible Language, 1972,6(4):291 – 320.

GRABE W. Current developments in second language reading research [J]. TESOL Quarterly, 1991,25(3):375 – 406.

GRAVES K. Designing language courses: a guide for teachers [M]. Boston: Henile & Henile, 1999.

GROSS H E, SHAW D S, MOILANEN K L. Reciprocal associations between boys' externalizing problems and mothers' depressive symptoms [J]. Journal of Abnormal Child Psychology, 2008,36(5):693 – 709.

HALL G. Literature in language education [M]. 2nd ed. Basingstoke: Palgrave Macmillan, 2015.

HARMER J. How to teach English [M]. Beijing: Foreign Language Teaching and Research Press, 2000.

HARRIS W V. Dictionary of concepts in literary criticism and theory [M]. New York: Greenwood, 1992.

HIRVELA A. Five bad reasons why language teachers avoid literature [J]. British Journal of Language Teaching, 1989,27(3):127 - 132.

HUDSON T. Teaching second language reading: a guide to teaching reading skills for teachers of English as a foreign language [M]. Oxford: Oxford University Press, 2011.

HUNT R A, VIPOND D. Crash testing a transactional mode of literacy reading [J]. Reader, 1985(14):23 - 29.

JACOB P E. Changing values in college [M]. New York: Harper, 1957.

JANOPOULOS M. The relationship of pleasure reading and second language writing proficiency [J]. TESOL Quarterly, 1986,20(4):763 - 768.

KAMHI-STEIN L D. Reading in two languages: how attitudes toward home language and beliefs about reading affect the behaviors of "underprepared" L2 college readers [J]. TESOL Quarterly, 2003,37(1):35 - 71.

KERMODE F, ALTER R. Pleasure and change: the aesthetics of canon [M]. Oxford: Oxford University Press, 2004.

KIM M. Literature discussions in adult L2 learning [J]. Language and Education, 2004,18 (2):145 - 166.

KRAMSCH C, KRAMSCH O. The avatars of literature in language study [J]. The Modern Language Journal, 2000,84(4):553 - 573.

KRASHEN S D. Explorations in language acquisition and use [M]. Portsmouth: Heinemann, 2003.

KRASHEN S D. Principles and practice in second language acquisition [M]. Oxford: Pergamom, 1982.

KRASHEN S D. Second language acquisition and second language learning [M]. Oxford: Pergamon Press, 1981.

KRASHEN S D. The input hypothesis: issue and implication [M]. New York: Longman, 1985.

KRASHEN S D. We acquire vocabulary and spelling by reading [J]. The Modern Language Journal, 1989,73(4):440 - 464.

KRISTEVA J. Desire in language: a semiotic approach to literature and art [M]. New York: Columbia University Press, 1980.

KUSH J C, WATKINS M W, BROOKHART S M. The temporal-interactive influence of reading achievement and reading attitude [J]. Educational Research and Evaluation, 2005, 11(1):29 - 44.

LALANDE J F. Teaching literature and culture in the high school foreign language class [J]. Foreign Language Annals, 1988,21(6):573 - 577.

LANGER J A, APPLEBEE A. How writing shapes thinking [M]. Urbana: National Council of Teachers of English, 1987.

LANGER J A. Envisioning literature: literary understanding and literature instruction [M]. New York: Teachers Press, 2011.

LANGLEY A K, BERGMAN R L, MCCRACKEN J, et al. Impairment in childhood anxiety disorders: preliminary examination of the child anxiety impact scale-parent version

[J]. Journal of Child and Adolescent Psychopharmacology, 2004,14(1):105-114.

LAO C Y, KRASHEN S. The impact of popular literature study on literacy development in EFL: more evidence for the power of reading [J]. System, 2000,28(2):261-270.

LEE J, SCHALLERT D L. Literate actions, reading attitudes, and reading achievement: interconnections across languages for adolescent learners in Korea [J]. The Modern Language Journal, 2014,98(2):553-573.

LIAW M-L. Exploring literary responses in an EFL classroom [J]. Foreign Language Annals, 2001,34(1):35-45.

LIGHTBOWN P M, SPADA N. How languages are learned [M]. 5th ed. Oxford: Oxford University Press, 2021

LITTLEWOOD T. Literature in the school foreign-language course [M]//BRUMFIT C J, CARTER R A. Literature and language teaching. New York: Oxford University Press, 1986:177-183.

LONG M N. A feeling for language: the multiple values of teaching literature [M]// BRUMFIT C J, CARTER R A. Literature and language teaching. Shanghai: Shanghai Foreign Language Education Press, 2000:42-49.

LOTT B. A Course in English language and literature [M]. Cleveland: World Publishing Corp, 1989.

LYNCH-BROWN C, TOMLINSON C M, SHORT K G. Essentials of children's literature [M]. 7th ed. Harlow: Pearson, 2014.

MACLEROY V. Cultural, linguistic and cognitive issues in teaching the language of literature for emergent bilingual pupils [J]. Language, Culture and Curriculum, 2013,26 (3):300-316.

MANTERO M. Bridging the gap: discourse in text-based foreign language classrooms [J]. Foreign Language Annals, 2002,35(4):437-456.

MAR R A. The neuropsychology of narrative: story comprehension, story production and their interrelation [J]. Neuropsychologia, 2004,42(10):1414-1434.

MARSHALL J D. The effects of writing on students' understanding of literary texts [J]. Research in the Teaching of English, 1987,21(1):30-63.

MARTIN A L, LAURIE I. Student views about the contribution of literary and cultural content to language learning at intermediate level [J]. Foreign Language Annals, 1993,26 (2):188-207.

MARTÍNEZ R S, ARICAK O T, JEWELL J. Influence of reading attitude on reading achievement: a test of the temporal-interaction model [J]. Psychology in the Schools, 2008,45(10):1010-1023.

MASON B, KRASHEN S. Extensive reading in English as a foreign language [J]. System, 1997(25):91-102.

MASON B. Evidence for the sufficiency of extensive reading on the development of grammatical accuracy [D]. Oskala: Temple University, 2003.

MATTIX M. The pleasure of poetry reading and second language learning: a response to

David Hanauer [J]. Applied Linguistics, 2002, 23(4):515 - 518.

MCCARTNEY K, BURCHINAL M, CLARKE-STEWART A, et al. Testing a series of causal propositions relating time in child care to children's externalizing behavior [J]. Developmental Psychology, 2010, 46(1):1 - 17.

MCKAY S L. Researching second language dassrooms [M]. London: Routledge, 2006.

MCKAY S. Literature in the ESL classroom [J]. TESOL Quarterly, 1982, 16(4):529 - 536.

MCKEAN M E, WINGLEE R M. A model for the frequency fine structure of auroral kilometric radiation [J]. Journal of Geophysical Research, 1991, 96(12):21055 - 21070.

MCKENNA M C, CONRADI K, LAWRENCE C, et al. Reading attitudes of middle school students: results of a U. S. survey [J]. Reading Research Quarterly, 2012, 47(3):283 - 306.

MCKENNA M C, KEAR D J, ELLSWORTH R A. Children's attitudes toward reading: a national survey [J]. Reading Research Quarterly, 1995, 30(4):934 - 956.

MCNEIL J D. Reading comprehension: new directions for classroom practice [M]. Glenview: Scott Foresman/Addison-Wesley, 1984.

MCRAE J. Literature with a small 'l': developing thinking skills in language teaching and learning [M]. London: Macmillan Publishers, 1991.

MOL S E, BUS A G. To read or not to read: a meta-analysis of print exposure from infancy to early adulthood [J]. Psychological Bulletin, 2011, 137(2):267 - 296.

NEWELL G E. Learning from writing in two content areal: a case study protocol analysis [J]. Research in the teaching of English, 1984, 18(3):265 - 287.

NUTTA C. Teaching reading skills in a foreign language [M]. Oxford: Heinemann, 1996.

OLAND A A, SHAW D S. Pure versus co-occurring externalizing and internalizing symptoms in children: the potential role of socio-developmental milestones [J]. Clinical Child and Family Psychology Review, 2005, 8(4):247 - 270.

OLLER K, EILERS R. Language and literacy in bilingual children [M] Clevdon: Multilingual Matters, 2002.

PAGLIARO L A. Adolescent depression and suicide: a review and analysis of the current literature [J]. Canadian Journal of Shool Psychology, 1995, 11(2):191 - 201.

PARAN A. The role of literature in instructed foreign language learning and teaching: an evidence-based survey [J]. Language Teaching, 2008, 41(4):465 - 496.

PARKINSON B, THOMAS H R. Teaching literature in a second language [M]. Edinburgh: Edinburgh University Press, 2000.

PICKEN J D. Helping foreign language learners to make sense of literature with metaphor awareness-raising [J]. Language Awareness, 2005, 14(2 - 3):142 - 152.

PINNELL G S, FOUNTAS I. Guided reading program: fiction focus, teacher's guide [M]. 2nd ed. New York: Scholastic, 2009.

RADER D. Teaching and learning for intercultural understanding: engaging your hearts and minds [M]. London: Routledge, 2018.

RIVERS W D. Teaching foreign language skills [M]. 2nd ed. Chicago: University of Chicago Press, 1981.

ROSENBLATT L M. Continuing the conversation: a clarification [J]. Research in the Teaching of English, 1995,29(3):349 – 354.

ROSENBLATT L M. Literature as exploration [M]. New York: Modern Language Association, 1938.

ROSENBLATT L M. Literature as exploration [M]. Rev. ed. New York: Noble & Noble, 1968.

ROSENBLATT L M. The reader, the text, the poem: the transactional theory of the literary work [M]. Carbondale: South Illinois Press, 1994.

SAUSSURE F D. A course in general linguistics [M]. Beijing: Foreign Language Teaching and Researching Press, 2000.

SELIGMAN L D, OLLENDICK T H. Comorbidity of anxiety and depression in children and adolescents: an integrative review [J]. Clinical Child and Family Psychology Review, 1998,1(2):125 – 144.

SELINKER L. Interlanguage [J]. International Review of Applied Linguistics in Language Teaching, 1972(10): 209 – 241.

SINGHAL M. Teaching reading to adult second language learners: theoretical foundation, pedagogical applications, and current issues [M]. 2nd ed. Lowell: The Reading Matrix Inc, 2006.

SITARAM K S, COGDELL R T. Foundations of intercultural communication [M]. Shanghai: Shanghai Foreign Language Education Press, 2007.

SIU A F Y. Theraplay in the Chinese world: an intervention program for Hong Kong children with internalizing problems [J]. International Journal of Play Therapy, 2009,18 (1):1 – 12.

SKEHAN P. A cognitive approach to language learning [M]. Oxford: Oxford University Press, 1998.

SOTER A O. Reading literature of other cultures: some issues in interpretation [M]// ROGERS T, SOTER A O. Reading across cultures: teaching literature in a diverse society. New York: Teachers College Press, 1997.

SPEAR-SWERLING L, BRUCKER P O, ALFANO M P. Relationships between sixth-graders' reading comprehension and two different measures of print exposure [J]. Reading and Writing, 2010,23(1):73 – 96.

SQUIRE J R. Research in reader response, naturally interdisciplinary [M]//RUDDELL R B, RUDDELL M R, SINGER H. Theoretical models and processes of reading. 4th ed. Newark: International Reading Association, 1994:637 – 652.

STERN H H. Fundamental concepts of language learning [M]. Oxford: Oxford University Press, 1983.

STRAUSS A, CORBIN J. Basics of qualitative research: grounded theory procedures and techniques [M]. Newbury Park: Sage, 1990.

TUTAS N. Theory into practice: teaching and responding to literature aesthetically [M]//
  PARAN A. Literature in language teaching and learning. Virginia: TESOL, 2006:140-
  156.

VAN DIJK T A, KINTSCH W. Strategies of discourse comprehension [M]. New York:
  Academic Press, 1983.

WALLACE C. Reading [M]. Oxford: Oxford University Press, 1992.

WARNOCK M. Imagination [M]. London: Faber & Faber, 1976.

WATTS E L. Using young adult literature with adolescent learners of English [J]. The
  Alan Review, 1999,26(3):25-30.

WEINER B. Integrating social and personal theories of achievement striving [J]. Review of
  Educational Research, 1994,64(4):557-573.

WEIST V D. Literature in lower-level courses: making progress in both language and
  reading skills [J]. Foreign Language Annals, 2004,37(2):209-225.

WIDDOWSON H G. Communication and community: the pragmatics of ESP [J]. English
  for Specific Purposes, 1998,17(1):3-14.

YAMASHITA J. Reading attitudes in LI and L2, and their influence on L2 extensive
  reading [J]. Reading in a Foreign Language, 2004,16(1):1-19.

YAMASHITA J. The relationship of reading attitudes between L1 and L2: an investigation
  of adult EFL learners in Japan [J]. TESOL Quarterly, 2007,41(1):81-105.

YANG A. Reading and the non-academic learner: a mystery solved [J]. System, 2001,29
  (4):451-466.

YANG A. Science fiction in the EFL class [J]. Language, Culture and Curriculum, 2002
  (15):50-60.

艾德勒,范多伦. 如何阅读一本书[M]. 郝明义,朱衣,译. 北京:商务印书馆,2014.

安东诺夫. 论短篇小说[M]. 李一柯,译. 武汉:中南人民文学艺术出版社,1954.

陈向明. 旅居者和"外国人":留美中国学生跨文化人际交往研究[M]. 北京:教育科学出版
  社,2004.

陈向明. 质的研究方法与社会科学研究[M]. 北京:教育科学出版社,2000.

崔允漷,雷浩. 教—学—评一致性三因素理论模型的建构[J]. 华东师范大学学报(教育科学
  版),2015,33(4):15-22.

丁金国. 互文性的语文学阐释[J]. 当代修辞学,2015(3):33-45.

董蓓菲. 全景搜索:美国语文课程、教材、教法、评价[M]. 上海:华东师范大学出版社,2009.

董希文. 互文观念视阈下的文学经典文本解读[J]. 福建论坛(人文社会科学版),2010(5):
  118-122.

董亚芬. 我国英语教学应该以读写为本[M]//束定芳,张逸岗. 外语教育往事谈. 第二辑:外
  语名家与外语学习. 上海:上海外语教育出版社,2005:29-38.

费希尔. 阅读的历史[M]. 北京:商务印书馆,2009.

辜向东,洪岳,杨瑞锦. "大量阅读输入"教学模式下英语专业学生的阅读态度:基于学生学
  习日志的历时性质性研究[J]. 外语与外语教学,2017(3):68-77+148.

郭金秀. 中学英语阅读教学中的儿童文学作品鉴赏[J]. 教学与管理,2011(33):139-140.

何泽. 高中英语文学阅读教学行动研究[D]. 上海：华东师范大学，2017.

侯云洁. 英语阅读教学中文本解读的意义、方法和问题：以小学英语绘本教学为例[J]. 英语学习，2018(11)：11-16.

胡山林. 文学概论[M]. 郑州：河南大学出版社，2012.

胡文仲. 胡文仲英语教育自选集[M]. 北京：外语教学与研究出版社，2006.

黄军生. 基于学生发展目标的英语文学阅读选材原则[J]. 课程. 教材. 教法，2014，34(7)：87-92.

黄源深. 多读多写：英语学习谈[M]//束定芳，张逸岗. 外语教育往事谈. 第二辑：外语名家与外语学习. 上海：上海外语教育出版社，2005：229-237.

姜英敏. 从"和而不同"到"'异己'间共生"：全球化时代国际理解教育模式新探索[J]. 比较教育研究，2015(12)：30-34.

卡拉特. 生物心理学[M]. 9版. 北京：人民邮电出版社，2008.

克拉生. 阅读的力量[M]. 李玉梅，译. 乌鲁木齐：新疆青少年出版社，2012.

克拉斯沃尔，布卢姆，等. 教育目标分类学第二分册 情感领域[M]. 施良方，张云高，译. 上海：华东师范大学出版社，1989.

李观仪. 我的英语学习和教学[M]//束定芳，张逸岗. 外语教育往事谈. 第二辑：外语名家与外语学习. 上海：上海外语教育出版社，2005：19-28.

李静纯. 主题：人与自我的关系[J]. 英语学习，2017(12)：14-19.

李晓文. 学生自我发展之心理学探究[M]. 北京：教育科学出版社，2001.

李瑛. 互文性研究对高中英语阅读教学的指导作用[D]. 武汉：华中师范大学，2007.

林建华. 中学心理教育模式研究[J]. 心理科学，2001，24(1)：90-93.

刘国清. 外国文学研究的中国视角[J]. 东北师大学报(哲学社会科学版)，2019(5)：90-95.

刘润清. 漫长的学习道路[M]//束定芳，张逸岗. 外语教育往事谈. 第二辑：外语名家与外语学习. 上海：上海外语教育出版社，2005：214-228.

刘润清. 外语教学中的科研方法[M]. 北京：外语教学与研究出版社，1999.

刘晓天. 初中生英语阅读现状与英语阅读态度研究[J]. 课程. 教材. 教法，2012(4)：81-85.

麦考. 如何阅读不同的文本[M]. 2版. 苏新连，译. 北京：商务印书馆，2017.

梅培军，黄伟. 互文性阅读的教学形态及其教学价值[J]. 课程. 教材. 教法，2018，38(11)：98-103.

米德. 心灵、自我与社会[M]. 赵月瑟，译. 上海：上海译文出版社，2008.

秦海鹰. 互文性理论的缘起与流变[J]. 外国文学评论，2004(3)：19-30.

上笙一郎. 儿童文学引论[M]. 郎樱，徐效民，译. 成都：四川少年儿童出版社，1983.

沈晓敏. 在对话和协商中提升道德判断和行为抉择能力[J]. 全球教育展望，2006，35(8)：42-46.

孙程程. 互文性理论视角下的中学语文山水游记文言文教学研究[D]. 济南：山东师范大学，2021.

孙冬香，胡奎平. 互文性阅读构建语文教学新体系[J]. 语文教学与研究，2012(10)：50-51.

泰勒. 课程与教学的基本原理[M]. 北京：中国轻工业出版社，2014.

外山滋比古. 阅读整理学[M]. 吕美女，译. 北京：北京联合出版公司，2014.

王初明. 内容要创造 语言要模仿：有效外语教学和学习的基本思路[J]. 外语界，2014(2)：

42 - 48.

王初明.运用续作应当注意什么?[J].外语与外语教学,2019(3):1 - 7+143.

王泉根,赵静,等.儿童文学与中小学语文教学[M].广州:广东教育出版社,2006.

温儒敏.温儒敏谈读书[M].北京:商务印书馆,2019.

夏进军.中小学英语课外阅读衔接策略:以江苏省扬州市江都区为例[J].江苏教育,2018 (27):45 - 47.

辛斌.批评话语研究中的互文性分析[J].外语与外语教学,2021(3):1 - 12+147.

辛斌.语篇研究中的互文性分析[J].外语与外语教学,2008(1):6 - 10.

徐晓."互文阅读"在文言文阅读教学中的应用实践:以《师说》《续师说》互文阅读为例[J].华夏教师,2020(13):22 - 24.

严文庆.英语报刊与非英语专业硕士研究生课外英语阅读[J].外语界,2005(1):47 - 49 +66.

杨汝福.互文性模式的功能语言学建构[J].外语教学,2008(6):43 - 46+60.

杨晓娟,卜玉华.开发小学英语故事教学的独特育人价值[J].中国教育学刊,2018(4):66 - 70.

姚斯,霍拉勃.接受美学与接受理论[M].周宁,金元浦,译.沈阳:辽宁人民出版社,1987.

伊瑟尔.阅读活动:审美反应理论[M].金元浦,周宁,译.北京:中国社会科学出版社,1991.

袁永芳.大学生英语阅读动机研究[J].外语教学,2003(2):91 - 94.

曾繁仁.试论生态美学[J].文艺研究,2002(5):11 - 16.

张金秀,国红延.中学英语整本书阅读:精品课例选粹[M].北京:北京师范大学出版社,2020.

张金秀.中小学英语整本书阅读的五点主张[J].英语学习,2019(7):55 - 57.

张喜春,潘映.理工科大学生英语阅读态度与阅读理解能力相关性研究[J].广西民族大学学报(哲学社会科学版),2008(S1):146 - 148.

张娅欧."互文性"理论在语文教学中的应用[D].北京:首都师范大学,2013.

张志公.张志公语文教育论集[M].北京:人民教育出版社,1994.

中华人民共和国教育部.普通高中英语课程标准(2017 年版 2020 年修订).北京:人民教育出版社,2000.

周郁蓓.文学:研究型大学英语学科转型之要[J].外语教学理论与实践,2016(2):28 - 34.

朱立元.当代西方文艺理论[M].上海:华东师范大学出版社,2005.

邹为诚.大咖来了之邹为诚篇(下)[J].英语学习,2017(2):14 - 17.

邹为诚.论综合英语课堂教学 TELOS 模式[J].中国外语,2006(1):50 - 56.

索　引